Heinrich von Kleist

Briefe an seine Schwester Ulrike

Heinrich von Kleist
Briefe an seine Schwester Ulrike
ISBN/EAN: 9783741167409
Hergestellt in Europa, USA, Kanada, Australien, Japan
Cover: Foto ©Andreas Hilbeck / pixelio.de

Manufactured and distributed by brebook publishing software (www.brebook.com)

Heinrich von Kleist

Briefe an seine Schwester Ulrike

Heinrichs von Kleist

Briefe an seine Schwester Ulrike.

Herausgegeben

Dr. A. Koberstein.

Berlin.
Verlag von E. H. Schroeder.
Hermann Kaiser.
Unter den Linden 23.
1860.

Vorrede.

Was feither über Kleist's Leben, zumal sein Inneres, zu allgemeiner Kunde gelangt ist, ließ den Gang, den dasselbe genommen, in seiner Ganzheit nur mehr ahnen als überschauen. Die einzelnen Momente darin, die seine im Druck erschienenen Briefe und Brieffragmente in ein helleres Licht hoben, blieben zusammenhanglos, weil die vermittelnden Uebergänge sich unserm Blicke mehr oder weniger entzogen; sie waren überdies zum Theil durch zu weite Zeiträume von einander getrennt, als daß die Nachrichten über ihn, die uns anderweitig zugekommen sind, ausreichen konnten, die großen Lücken in der Geschichte seiner geistigen und sittlichen Entwickelung einigermaßen auszufüllen, und diese Nachrichten entbehrten wieder öfter der vollen Verbürgung.

Als nach dem Vorgange Ludw. Tieck's im Jahr 1848 Ed. von Bülow von dem Leben des Dichters eine neue Darstellung lieferte, verhehlte er nicht, daß seine Nachrichten vollständiger geworden wären, hätte sich ihm nicht, trotz allen Bemühungen zu ihr zu gelangen, „die natür-

lichste und wichtigste Quelle" für die Lebensgeschichte
Kleist's durchaus unzugänglich erwiesen.

Diese Quelle waren Kleist's Briefe an seine Schwester
Ulrike. Von der gegenwärtigen Besitzerin mir zunächst
nur zu eigener Kenntnißnahme anvertraut, sodann aber
auf meine Bitte mir zu freierer Verfügung gestellt, erscheinen sie nun hier, nach den von mir genommenen
Abschriften, vom ersten — aus dem Anfange des Jahrs
1795 — bis zum letzten — vom Morgen seines Todes-
tages — in einem Drucke, dem die sorgfältigste Vergleichung der Correcturbogen mit den Blättern, wie sie
von Kleist's eigener oder seiner Schwester Hand beschrieben
sind, vorangegangen ist.

Daß durch sie wirklich nicht nur die Nachrichten über
das Leben und die Schicksale des Dichters nach deren
äußerm Verlauf wesentlich vervollständigt und in vielen
Punkten berichtigt werden, sondern daß sie uns auch viel
tiefer, als es so lange möglich war, in die Geschichte
seines Innern, in die Reihenfolge seiner Seelenkämpfe
und Seelenleiden blicken lassen, wird jeder, wie ich überzeugt bin, zugeben müssen, der mit dem Inhalt die von
Ed. v. Bülow verfaßte Biographie sammt den Ergänzungen dazu, welche sich in Jul. Schmidt's Einleitung
vor der neuen Ausgabe von Kleist's Schriften finden,
vergleichen will.

Indem ich es einer andern Hand überlasse, nach
diesen Briefen und nach den eben angeführten Büchern
die Lebensgeschichte des Dichters aufs neue zu schreiben,

beschränke ich mich hier auf die vorläufige Berichtigung von Einzelnheiten in der von Bülow gelieferten Biographie und auf die Feststellung oder Hervorhebung verschiedener Puncte, die darin theils mehr oder weniger ungewiß gelassen, theils ganz unberührt geblieben sind. Im Jahre 1792 trat Kleist in das Regiment (S. 17); zu Anfang des Jahres 1795 war er noch nicht Officier, erwartete aber, es demnächst zu werden (S. 3), d. h. er war noch Junker: denn wenn ich mich in Betreff der damaligen militairischen Rangstufen nicht irre, gehörte der Fähnbrich schon dem Officierstande an. Seine Universitätsstudien in Frankfurt a. d. O. muß er zu Ostern 1799 begonnen haben, da er sich im November dieses Jahres schon in seinem zweiten akademischen Cursus befand (S. 4). Er hatte sich ein Ziel gesteckt, das — besonders in diesem zweiten Semester — die ununterbrochene Anstrengung aller seiner Kräfte und die Anwendung jeder Minute Zeit erforderte, wenn es erreicht werden sollte (S. 4 f.): vorzugsweise beschäftigte ihn wohl die Mathematik (S. 5 u. 10). Durch die übermäßige geistige Anstrengung in dieser Zeit glaubte er später selbst seine Gesundheit untergraben und den Grund zu der tiefen Verstimmung seines Gemüths gelegt zu haben, die schon im Jahre 1801 ihren unseligen Einfluß auf sein Leben und Handeln auszuüben begann (S. 64). Bereits in Frankfurt fühlte er sich bei weitem nicht so glücklich und froh, wie man nach Bülow's Bericht (S. 9 ff.) annehmen könnte: er fand sich, zumal während Ulrikens Abwesenheit, vereinsamt, den meisten Menschen gegenüber fremd, in ihrer Gesellschaft verlegen, beklommen und ängstlich; nur zuweilen gelang es ihm, in der Familie seiner nachherigen Braut „recht froh zu sein" (S. 6 ff.)*). In Berlin verstimmte ihn zunächst wieder das Brüten über seine Zukunft: er wußte nicht, ob er sich in ein Amt fügen solle oder nicht, und da er sich keinem Andern ganz erklären konnte, vermochte er auch nicht sich irgendwo Raths zu erholen (S. 25). In welcher Absicht die Reise im Spätsommer 1800 unternommen ward, ob sie im Auftrage des Ministers Struensee geschah (S. 27), und ob sie Kleist mit seinem Freunde Brokes wirklich nach Wien und von da erst nach Würzburg führte, läßt sich nicht mehr ermitteln. Fast möchte man glauben, sie seien gleich nach Würzburg gegangen; denn am 26. August waren sie noch in Berlin (S. 32), und am 16. Sept. schrieb Kleist schon aus Würzburg an seine Braut (bei Bülow S. 106); dazu halte man den Schluß eben dieses Briefes (S. 121), wonach das Ziel der Reise noch nicht erreicht sein konnte. Eine Ueberlieferung über den Zweck derselben habe ich in der Anmerkung auf S. 27 mitgetheilt. Nach einigen Aeußerungen im 9. Briefe an Ulrike (S. 39 oben und S. 42) ließe sich vielleicht vermuthen, daß es auf die nicht gefahrlose Erforschung irgend eines

---

*) Die Culturgeschichte, nach der er sich in der Nachschrift zum 4. Briefe erkundigt, war ohne Zweifel das Heft, woraus er seinen Schwestern und seinen Freundinnen damals Vorträge hielt (Bülow S. 11).

Geheimnisses im Fabrikwesen abgesehen war, wenn nicht Stellen in den voraufgehenden Briefen (S. 26. 29 f. 32. 35) zu sehr dagegen zu sprechen schienen. Auffallend ist es, daß sich kein während der Reise geschriebener Brief an die Schwester vorfindet, obgleich Kleist versprochen hatte, ihr gleich von Wien aus Nachricht zu ertheilen (S. 34). Nachdem er gegen den Ausgang des Octobers auf dem geradesten Wege und in der kürzesten Zeit von Würzburg nach Berlin froh und hoffnungsreich zurückgekehrt war (S. 35 ff.), soll er nach Tieck's Angabe (S. VI) im Departement des Ministers Struensee angestellt worden sein. Was dagegen schon Bülow (S. 16) eingewandt hat, wird durch den Inhalt des 9. Briefes nicht bloß unterstützt; wir erfahren aus demselben auch, daß er, um die im Finanzfach betretene Laufbahn mit Ehren verlassen zu können, während des Winters, ohne eigentlich angestellt zu sein, nur den Sitzungen der technischen Deputation im Finanzministerium beiwohnte, im nächsten Frühjahr sich aber bestimmt über die Annahme oder die Ablehnung eines Amtes erklären wollte. Welchen andern Lebensweg er etwa einschlagen würde, wußte er noch nicht; nach einem andern Amte sich umzusehen, fühlte er keine Neigung in sich: am liebsten, schrieb er, würde ihm noch ein akademisches Lehramt sein, wenn er sich nicht die volle Unabhängigkeit wahren und in ihrem Genuß seine Wünsche ganz erfüllen könnte. Im Laufe des Winters wurde ihm der Aufenthalt in Berlin immer unerträglicher; er

wollte es verlaſſen, ſobald er nach ſeinem Plane das
Studium einiger Wiſſenſchaften vollendet hätte (S. 45).
Für ein Amt hatte er ſich, ſo ſehr er auch ſeiner Un-
entſchloſſenheit Herr zu werden ſuchte, zu Anfang Fe-
bruars noch immer nicht entſcheiden können, weil er ſich
von Tage zu Tage mehr überzeugte, wie ganz unfähig
er ſei, eins zu führen (S. 46 f.). Der ganze 10. Brief
zeigt, wie vereinſamt und unglücklich er ſich in Berlin
fühlte, und wie verdüſtert ſeine Stimmung gegen Welt
und Menſchen überhaupt war. „Selbſt die Säule, an
welcher er ſich ſonſt in dem Strudel des Lebens gehalten", die Liebe zu den Wiſſenſchaften, wankte bereits.
Wiſſen, meinte er, könne unmöglich das Höchſte ſein;
beſſer als Wiſſen ſei Handeln (in dieſer Ueberzeugung
traf er jetzt mit ſeinem Freunde Brokes zuſammen; vergl.
bei Bülow S. 143). Wollte er aber auch noch der Wiſſen-
ſchaft allein leben, ſo war er wieder ungewiß, für welche
er ſich entſcheiden ſollte. Der folgende Brief, an demſelben Tage geſchrieben, von welchem der ſiebente bei
Bülow ſich datiert, iſt nicht nur mit deſſen zweiter Hälfte
von gleichem Inhalt, ſondern ſtimmt an mehreren Stellen
ſelbſt wörtlich damit überein. Da Kleiſt darin ſeiner
Schweſter anheimgeſtellt hat, ihn nach Paris zu beglei-
ten und ſie darauf eingegangen iſt, theilt er ihr in dem
zwölften den Ueberſchlag der Koſten zur Beſtreitung der
Reiſe mit. Daß er dazu, wie Tieck (S. VIII) es für
möglich hält, einen Zuſchuß von der Regierung erhalten
habe, wird weder in dieſem noch in dem vorhergehenden

Briefe angedeutet und ist mir auch nach S. 54, verglichen mit den letzten Zeilen auf S. 56, wenig wahrscheinlich. In Paris soll er, wie Bülow gehört zu haben glaubt, bei Laplace gewohnt haben (S. 24); offenbar hat hier aber eine Verwechselung mit Lalande Statt gefunden, und die Ueberlieferung wird nach meiner Anmerkung auf S. 72 zu berichtigen sein. Auch erfolgte die Abreise von Paris über Frankfurt a. M. nach der Schweiz nicht, wie Bülow (S. 25) berichtet, Anfangs 1801 (soll heißen 1802, wie etwas weiterhin statt „den Winter 1800 bis 1801" zu lesen ist „den Winter 1801—1802"), sondern gegen Ende des Jahres 1801, da Kleist am 16. December schon seit einigen Tagen sich in Basel befand (S. 58. 60), wohin er nach seiner Trennung von Ulriken in Frankfurt a. M. mit seinem Reisegefährten zu Fuße gewandert sein muß (S. 58—61). Die Nachricht, die er von dort aus seiner Schwester über Heinr. Zschokke gibt (S. 61), läßt vermuthen, daß beide Geschwister diesen schon von Frankfurt a. d. O. her, wo er studiert hatte und dann bis 1795 Privatdocent gewesen war, kannten, und daß der Bruder gehofft hatte, mit ihm in Basel zusammenzutreffen. Wie der 13. Brief über Kleist's Reise von Frankfurt a. M. nach Basel zuerst nähere Auskunft gibt, so liefern die Briefe 14—17, nebst dem Schreiben an v. Pannwitz im Anhange, die erwünschtesten Ergänzungen zu dem, was bisher über seinen Aufenthalt in der Schweiz bekannt geworden war. Nach dem Briefe aus Bern vom 12. Januar 1802 muß sein Plan, in der

Schweiz sich anzukaufen und als Landmann zu leben, von den Verwandten höchlich gemißbilligt und er durch Ulrikens Vermittelung zur Rückkehr in die Heimath, um sich daselbst um ein Amt zu bewerben, dringend aufgefordert worden sein. Diesem Verlangen zu willfahren, sah er jedoch als eine Unmöglichkeit für sich an. Durch Festhalten an seinem Entschluß glaubte er allein den Lebensweg gefunden zu haben und verfolgen zu können, der ihm von der Natur vorgezeichnet und auf dem sein Geist von Kindheit an vorangegangen wäre (S. 62 ff.). Er setzte der Schwester auseinander, wie er seinen Plan auszuführen gedächte, welche Vorbereitungen dazu er bereits getroffen habe, und wie vorsichtig er dabei zu Werke gienge; wie er dabei aber freilich auch auf ihre Unterstützung rechnete (S. 66 ff.). Fünf bis sechs Wochen später, wo er schon in Thun war (so daß er also nur einen kleinen Theil des Winters in Bern verlebte), hatte ihn aber die Einmischung der Franzosen in die öffentlichen Verhältnisse der Schweiz und die dadurch gesteigerte Unsicherheit der dortigen Zustände bestimmt, seinen Plan vor der Hand ruhen zu lassen, wenn er ihn auch keineswegs aufgegeben hatte. Er war jetzt bei weitem heiterer als sonst; er glaubte, daß für ihn in der Zukunft zur Nothdurft gesorgt wäre, ließ indeß die Schwester nur errathen, worauf er rechnete (S. 69 f.). Es ist wohl nicht zu bezweifeln, daß er sich jetzt schon seines Dichtertalents bewußt geworden, daß „die Familie Schroffenstein" wo nicht vollendet, doch weit vorgerückt war, und daß er sich als Schriftsteller so viel zu erwerben getraute, als er zum Leben bedurfte. Vier Wochen darauf hielt er sich noch in Thun auf. Die Schweizer Zustände hatten sich verschlimmert, dadurch war er in seinem Entschlusse bestärkt worden, sich auf den Ankauf eines Grundstücks fürs erste nicht einzulassen, obgleich er die von Ulriken erbetene Geldsendung erhalten hatte. Sein kleines Vermögen war fast ganz geschwunden (vgl. S. 86), aber er wußte jetzt, wie er sich ernähren könnte, und brauchte nichts weiter als Gesundheit (S. 71 ff.). Im Frühling finden wir ihn auf einer Insel der Aar am Ausfluß des Thuner See's; ganz zurückgezogen von der übrigen Welt, hat er nur eine Hausgenossin, die Tochter eines auf der andern Seite der Insel wohnenden Fischers, die ihm die Wirthschaft führt: gewiß das Mädchen, das zu dem doch wohl nicht ganz grundlosen Gerücht Anlaß gegeben hat, Kleist habe in der Schweiz ein Liebesverhältniß angeknüpft (Bülow S. 28 f.). Er arbeitete damals sehr fleißig, und die Verhältnisse, in denen er lebte, thaten ihm ungemein wohl. Unter den drei Dingen, von denen er wünschte, daß sie ihm gelingen möchten, bevor er stürbe, war mit dem „schönen Gedicht" höchst wahrscheinlich der „Robert Guiscard" gemeint, da er sich mit demselben schon getragen und auch daran gearbeitet haben mußte, bevor er nach Weimar und Oßmanstädt kam (S. 78). Auf den Winter gedachte er nach Wien zu gehen oder vielleicht gar schon nach Berlin (S. 73 ff.). Nicht lange nach Absendung dieses Briefes vom 1. Mai

wurde er aber schon von der schweren Krankheit befallen, von der er seinen Freund Pannwitz im August benachrichtigte, worauf Ulrike zu ihm eilte (S. 161 f.). Sie begleitete ihn sodann, als er genesen nach Deutschland zurückkehrte, bis Jena und Weimar, von wo sie mit ihm Wieland in Osmanstädt besuchte (S. 80). Nachdem sie sich wieder von ihm getrennt hatte, bezog er in Weimar eine Miethswohnung, brachte aber schon im November ganze Tage in Osmanstädt zu (S. 77). Am 9. Decbr. war er mit seinem „Robert Guiscard" bereits so weit vorgerückt, daß er den Anfang mehreren Personen hatte mittheilen können (S. 78); vermuthlich fiel also auch der Auftritt, der in Wielands Brief (bei Bülow S. 35 f.) erwähnt ist, und den der Brief an Ulrike vom 13. März 1803 berührt (S. 82 f.), vor jenes Datum. Das Weihnachtsfest feierte er in Wielands Hause, und bald darauf zog er ganz nach Osmanstädt; dort wollte er bleiben, bis sich sein Schicksal endlich und, wie er hoffte, glücklich entschieden hätte, d. h. doch wohl, bis der „Robert Guiscard" vollendet wäre; dann sollte ihn sein Weg nach Frankfurt zu seiner Familie zurückführen, mit der er, trotz der Gegenversicherung Bülow's (S. 38), allerdings und, wie er selbst bekannte, durch seine Schuld in ihm sehr wehe thuende Mißverhältnisse gerathen war (S. 77 ff.). Noch im Januar kündigte er Ulriken an, er werde ihr in Kurzem viel Frohes zu schreiben haben, da er sich allem Erdenglück nähere, womit wieder nichts Anderes als die bevorstehende Vollendung seines Stücks gemeint sein konnte; von Osmanstädt würde er über kurz ober lang, wenn auch sehr ungern, scheiden (S. 80). Gegen die Mitte des Märzes war er in Leipzig, und die Erfüllung der Hoffnung, die er in der Schwester erweckt hatte, war wieder in unbestimmte Ferne gerückt. Osmanstädt hatte er mit Thränen verlassen, er hatte aber fortgemußt, warum? konnte er nicht sagen. Zunächst hatte er sich einige Tage wieder in Weimar aufgehalten und sich dann, ohne einen besondern Bestimmungsgrund, nach Leipzig gewandt (S. 81 ff.)*). Wie lange er hier verweilte, bleibt ungewiß; zu Anfang Juli 1803 war er in Dresden (nicht im Jahre 1804, wie bei Bülow S. 38 steht). Aus dem Briefe, den er von da an Ulrike schrieb, ersieht man, daß er sich zu seiner zweiten Reise in die Schweiz nicht „unverfehens" von selbst entschloß (Bülow S. 39), sondern daß Pfuel ihn dazu aufgefordert und, da nun auch der letzte Rest von Kleist's Vermögen aufgezehrt war, die

---

*) Die Anzeige der „Familie Schroffenstein" im Freimüthigen, auf die er S. 84 seine Schwester aufmerksam macht, scheint Julian Schmidt in seiner Einleitung für die einzige Anerkennung zu halten, die dieses Trauerspiel bei seinem Erscheinen von Seiten der öffentlichen Kritik fand. Ich kann indeß noch zwei Beurtheilungen anführen, von denen die eine, in der Zeitung für die elegante Welt, 1803. Nr. 91, Sp. 724 f., es als ein sehr geniales, für die Zukunft von dem Dichter viel versprechendes Stück bezeichnet, die andere, von Langer, in der neuen allgemeinen deutschen Bibliothek B. 85, S. 370 ff., wenigstens zugibt, daß der Verf. kein gemeines Talent besitze, von dem fernerhin wohl Gutes erwartet werden könne, aber auch arge Verirrungen befürchtet werden müßten.

Kosten ihrer gemeinschaftlichen Reise allein zu tragen sich erboten hatte; daß Kleist es jedoch vorzog, von der Schwester „so viele Fristung seines Lebens zu erbitten, als nöthig wäre, seiner großen Bestimmung genug zu thun", d. h. den „Robert Guiscard" zum völligen Abschluß zu bringen, was in der Schweiz geschehen sollte (S. 86f.). Ulrike kam selbst nach Dresden, mit ihr andere seiner nächsten Verwandten, und dort scheint nach gegenseitiger Verständigung die Sorge der Familie um ihn fürs erste gehoben oder mindestens verringert worden zu sein; wahrscheinlich erhielt er auch von ihr oder von Ulriken allein Geld zur Reise, die von Leipzig aus am 20. Juli angetreten ward (S. 87 ff.). Sein nächster Brief, zu Genf im Anfang des Octobers geschrieben und einer der interessantesten und ergreifendsten der Sammlung, eröffnet uns den Einblick in die Tiefe seines von den herbsten Schmerzen durchwühlten und zerrissenen Gemüths, weil er die Hoffnung glaubt aufgeben zu müssen, das hohe Ideal dramatischer Kunst zu erreichen, das ihm bei seinem „Robert Guiscard" vorgeschwebt hat (S. 90 ff.). In dem drei Wochen jüngern Schreiben aus St. Omer spricht sich sodann die Verzweiflung an seinem Talent und an sich selbst ohne allen Rückhalt in erschütterndster Weise aus: er mag nicht länger leben und will „den schönen Tod der Schlachten sterben" (S. 92 f.). Acht Monate später erklärte er selbst den Zustand, in welchem er sich damals in Frankreich befunden, für eine eigentliche Krankheit sowohl des Körpers wie des Gemüths, und daher

glaubte er auch nicht für das, was er während derselben
gethan habe, verantwortlich gemacht werden zu können
(S. 94 f.). Darüber, wie es ihm seit seiner Ankunft in
St. Omer bis zu dem Zeitpunkt, wo er zu dem Entschluß kam, sich um eine Wiederanstellung im Vaterlande
zu bemühen, d. h. bis in den Juni 1804, ergangen war,
geben diese Briefe keine weitern Andeutungen, als daß
Lucchesini den Brief, der ihm von Kleist aus St. Omer
zugeschickt worden (Bülow S. 41), dem Könige vorgelegt hatte; dadurch war dieser in der ungünstigen Meinung, die er von Kleist schon von früher her hatte, noch
mehr befestigt worden, so daß bei ihm nur wenig Neigung zu einer Anstellung desselben vorausgesetzt werden
durfte. Zunächst also mußte sich Kleist wieder der Gnade
des Königs zu versichern suchen; zu dem Ende gieng er
den General-Adjutanten von Köckeritz um seine Vermittelung an. Hierüber gibt der siebenundzwanzigste, mit dramatischer Lebendigkeit geschriebene Brief (vom 24. Juni
1804) die vollständigste Auskunft. Worauf der am Schluß
erwähnte Wunsch zielte, läßt sich nur errathen: ich meine,
auf die Beschaffung einer neuen Geldsumme. Durch die
nun folgenden, bis in den December. 1804 reichenden
Briefe werden die Nachrichten Tieck's (S. XIV) und Bülow's (S. 42 f.) über Kleist's Aufenthalt in Berlin und
die Schritte, die zu seiner Wiederanstellung geschahen,
mehrfach berichtigt und vervollständigt. Kurz nach dem
24. Juni eröffnete sich ihm die Aussicht, von dem zum
Gesandten an den spanischen Hof ausersehenen Major

v. Gualtieri nach Madrid als Legationsrath, oder vor der Hand als ein vom König bei der Gesandtschaft angestellter Attaché, mitgenommen zu werden. Zu einem Amte, erwartete er, würde ihm dies wohl verhelfen, zum Glücke aber nicht (S. 97 ff.). Unter dem 11. Juli meldete er, daß die Verwirklichung des von Gualtieri ausgegangenen Gedankens schon in vollem Gange sei; dagegen habe er auf sein erstes Gesuch an den König um Wiederanstellung noch immer keinen Bescheid erhalten. Er fürchte auch, daß ein solcher abschläglich ausfallen werde, erwarte aber das Gegentheil von der königlichen Antwort auf ein zweites Gesuch, wozu ihm Röckeritz gerathen habe (S. 100 ff.). Gleichwohl blieb, als er dieses Gesuch wirklich eingereicht hatte, auch darauf die Antwort lange aus; sie mußte aber abgewartet werden, bevor Gualtieri sich Kleist als Begleiter vom Könige ausbitten konnte (S. 102 f.). Erst am letzten Tage des Juli erlangte er die Gewißheit, daß der König seine Eingabe günstig aufgenommen hatte, obgleich die schriftliche Resolution noch immer fehlte. Kleist durfte nun sogar hoffen, sofort mit einer kleinen Besoldung angestellt zu werden; dann konnte er aber schwerlich mit Gualtieri nach Madrid gehen. Er meinte, er würde in Berlin bleiben, und wünschte für diesen Fall, daß Ulrike ebenfalls dahin käme (Br. 31 und 32). Wahrscheinlich arbeitete er während der letzten Monate des Jahres noch zu Berlin wirklich im Finanz - Departement, wie Tieck (S. XIV) angibt. Nach dem Briefe aus dem December (S. 107 ff.) wartete er um biefe Zeit von Tage zu Tage auf eine Entscheidung vom Minister, ob er vorläufig noch in Berlin bleiben, oder sogleich nach dem preußischen Franken gehen sollte. Seine Stimmung war wieder eine sehr gedrückte; um so mehr verlangte ihn nach Ulriken's Gesellschaft, die damals aber mit seinem Verhalten und Treiben sehr unzufrieden gewesen sein muß. Aus der ersten Zeit seines Aufenthalts in Königsberg i. Pr. ist kein Brief an sie vorhanden: ich vermuthe, daß sie den Bruder dahin begleitet hatte; denn daß sie dort eine Zeit lang bei ihm war, ergibt sich aus dem Schluß des letzten in Chalons geschriebenen Briefes (S. 128). Erst nachdem die Nachrichten über den Ausfall der Schlachten bei Jena und bei Auerstädt Königsberg erreicht hatten, schrieb er der Schwester einen Brief voll des bittersten Schmerzes über das Unheil des Vaterlandes (S. 108 ff.). Er war wieder körperlich leidend, viel bettlägerig, hatte zu Ende des Sommers in Pillau das Seebad gebrauchen wollen, war aber während fünf Wochen nur wenig ins Wasser gekommen. Aus Briefen vom 6. und 31. December 1806 erfahren wir, in ein wie nahes Verhältniß er zu Altenstein gekommen war, und daß ihm von der Königin eine Pension ausgesetzt worden war (S. 111 f.; 113; vgl. S. 126). Von amtlichen Arbeiten hatte er sich wohl schon vor längerer Zeit losgemacht, um sich wieder ungetheilt der Dichtung zuzuwenden. Darauf scheint auch der Schluß des Briefes vom 6. December (S. 113 f.) hinzudeuten, sowie die Nachricht im folgenden, daß er noch einige Monate lang, wo er nur beurlaubt war, Diäten vom Finanz-Departement bezogen habe (vgl. den gewiß noch vor dem October 1806 geschriebenen Brief an Rühle*) bei Bülow S. 242 f.). Nun, zu Ende des Jahres, war er aber wieder in großer Geldnoth, wenn er auch seine Lage in der Zukunft durch den Ertrag seiner Schriftstellerei für gesichert hielt. Seine Reise von Königsberg nach Berlin im Anfange des Jahres 1807 soll er erst nach der Schlacht bei Eylau, also nach dem 7. Februar, angetreten haben (Bülow S. 46). Dies ist nicht möglich, wenn er den Weg zu Fuße machte, da er bereits am 17. Februar als Gefangener aus Marburg an seine Schwester schrieb (Br. 37); er muß also schon früher aufgebrochen sein. Nicht minder unrichtige Angaben finden sich bei Bülow (S. 46 f.) über Kleist's Verhaftung in Berlin, über die Dauer seiner Gefangenschaft in Joux und über seine Befreiung aus derselben. Ueber die erste, die nicht gleich am Thore, sondern erst am dritten Tage nach seiner und zweier Reisegefährten Ankunft in Berlin erfolgte, hat er ausführlich von Marburg aus geschrieben (S. 116 ff.). In Joux kann er höchstens einige Wochen, aber nicht ein halbes Jahr ge-

---

*) Wenn es mit der Jahreszahl über dem Billet an Rühle, bei Bülow S. 244, seine Richtigkeit hat, so muß Kleist von Königsberg aus im Jahre 1806 einmal in Dresden gewesen sein, und darauf bezieht sich dann wohl, was bei Bülow zu Ende von S. 46 in einem Briefe aus Chalons steht. Sollte Kleist vielleicht seine Schwester bei ihrer Heimkehr von Königsberg begleitet und bei der Gelegenheit von Frankfurt aus Dresden besucht haben?

ſeſſen haben, da er dort am 5. März ankam (S. 119) und ſchon vor dem 23. April nach Chalons abgeführt war (S. 118). Auch ſaß er nicht ſelbſt, ſondern der eine ſeiner beiden Gefährten zu Joux in dem Kerker, in welchem Touſſaint l'Ouverture geſeſſen hatte und geſtorben war (S. 119 f.). Wie es ihm in Joux und ſodann in Chalons erging, und welche Schritte er mit ſeinen Leidensgenoſſen zur Wiedererlangung der Freiheit that, iſt in den Briefen 38 und 39 berichtet. Unterdeß hatte Ulrike, im Verein mit einer Freundin, ſchon im Anfang des Aprils bei dem General Clarke ſeine Freilaſſung betrieben und auch erlangt (S: 162 ff. und S. 122). Der Befehl dazu kam jedoch erſt gegen die Mitte des Juli in Chalons an. Unpäßlichkeit, die Verweigerung von Reiſediäten und das Ausbleiben eines Wechſels von dem Buchhändler Arnold in Dresden, dem Rühle das Manuſcript des Amphitryon verkauft hatte, verhinderten die ſofortige Heimkehr (S. 125). Schon hatte er wieder Pläne für ſeine und Ulrikens Zukunft gemacht (S. 125 ff.). Sehr bald nach dem 14. Juli 1807 trat er aber ſeine Reiſe an, ohne den Eingang des Wechſels abzuwarten, weil ihm von den franzöſiſchen Behörden doch noch die nachgeſuchte Reiſe-Entſchädigung bewilligt worden war (S. 128 f.).

Es ſchien, als ſollte nach ſeiner Heimkehr ein glücklicheres, genußreicheres Leben für Kleiſt beginnen. Gleich der erſte Brief, den er nach ſeiner Anſiedelung in Dresden an Ulriken ſchrieb (den 17. September 1807), war voll von Hoffnungen und sprach die heiterste Stimmung aus. Mit Adam Müller, Pfuel und Rühle hatte er den Plan zur Errichtung einer Buch-, Karten- und Kunsthandlung in Dresden gemacht, welche sie in den Stand setzen sollte, ihre Werke selbst zu verlegen; dadurch hofften sie von denselben ungleich größere Vortheile zu ziehen, als wenn sie die Manuscripte verkauften. Rühle, als der dazu Geschickteste, sollte an die Spitze des ganzen Geschäfts treten; Ulrike wurde gebeten, eine Summe dazu, fürs erste zur Erlangung des Privilegiums, vorzuschießen, und eingeladen, nach Dresden zu kommen, damit sie selbst beurtheilen könnte, wie günstig sich alles für eine solche Unternehmung anließe. Der Bruder würde sie in die vortrefflichsten Häuser führen können. Er hatte als Dichter Anerkennung, wie in Dresden, so in Weimar gefunden; kürzlich war er mit dem österreichischen Gesandten in Töplitz bei Genz gewesen, wo er eine Menge großer Bekanntschaften gemacht hatte; es war nicht unmöglich, daß er demnächst bei der Direction des Wiener Theaters angestellt ward: kurz es gieng alles gut (S. 129 ff., vgl. S. 143). Den Wunsch, daß Ulrike mit eigenen Augen sich von seinem Wohlergehen überzeugen möchte, und sich mit ihm freuen könnte, da sich ihm alles, ohne Ausnahme, erfülle, worauf er gehofft habe, wiederholte er in einem Briefe vom 3. October (S. 132 f.). Drei Wochen darauf folgte ein ausführlicher Bericht über den Stand der Dinge, die sein und seiner Freunde Interesse zunächst in Anspruch nahmen. Seine frühere Unlust am

Briefschreiben war geschwunden, seitdem es ihm vergönnt worden, die Schwester mit frohen Dingen unterhalten zu können. Es gieng ihm in jedem Sinne so, wie er es wünschte. Ulrike war auf seine Bitte um den Vorschuß eingegangen; er konnte ihr melden, daß die Begründung des Verlagsgeschäfts jetzt durch den Hinzutritt eines sehr glücklichen Umstandes wesentlich erleichtert worden und viel bedeutendere Vortheile verheiße, als sich früher davon hätten erwarten lassen; und da er nun glaubte, in Zukunft sein Auskommen aus einer doppelten Quelle beziehen zu können, aus der Schriftstellerei und aus der Buchhandlung, so machte er Ulriken den Vorschlag, sich selbst bei der letzteren mit einem eingelegten Capital zu betheiligen. Unterdessen hatten den Dichter neue Beweise der Anerkennung beglückt (S. 134 ff.). Da er darauf rechnete, von Ulriken die versprochenen Gelder zu Weihnachten zu erhalten, so verabredete er mit Ad. Müller gegen Ende des Jahres die Herausgabe des Phöbus. Das erste Heft dieses Kunstjournals sollte in der neuen Verlagshandlung, von der man sich noch immer die allerbesten Erfolge versprach, zu Ende Januars 1808 erscheinen. Von Wieland und Johannes Müller durften mit Sicherheit, von Göthe vielleicht Beiträge erwartet werden (S. 138 ff., vgl. S. 143). Nach dem Briefe vom 5. Januar 1808 war diese litterarische Unternehmung in vollem Lauf und versprach den besten Fortgang*), obgleich Ulri-

---

*) Vgl. dazu den Briefwechsel zwischen Fr. Gentz und Ad. Müller, Stuttgart 1857. 8. S. 123 f. S. vorzüglich S. 126 ff.

tens Beisteuer an Geld noch fehlte (S. 140 ff.), die aber
unmittelbar darauf eintraf. Auch hatten sich unterdeß
noch günstigere Aussichten für das Gedeihen der neuen
„Phönix-Buchhandlung" eröffnet (S. 142 ff.). Weitere
Nachrichten über diese Angelegenheit bringt uns erst ein
Brief aus dem August 1808. Schon drohte den Verhältnissen, in welchen Kleist lebte, eine unvortheilhafte
Aenderung, obgleich seine Lage noch immer leidlich war
(S. 144 ff.). Im Spätherbst machte er in Angelegen-
heiten der Frau v. Haza, die, wenn ich nicht irre, nachher Ad. Müllers Gattin ward, eine Reise ins Posensche.
Er war damals wieder in großer Geldnoth. Den Verlag des Phöbus hatte der Buchhändler Walter in Dresden übernommen (S. 147 f.). Warum die Phönix-Buchhandlung aufgegeben wurde, erfahren wir zwar nicht aus-
drücklich von Kleist, es läßt sich aber vermuthen, daß zu
ihrer Fortführung die verfügbaren Geldmittel nicht aus-
reichten, und daß die heranrückende Kriegsgefahr, die den
Buchhandel überhaupt lähmte (S. 144), sich dem Unter-
nehmen Kleists und seiner Freunde besonders nachtheilig
erwies. Wie es ihm im Winter ergangen, läßt sich ebenfalls nicht aus seinen Briefen entnehmen. Zu Anfang
des Aprils 1809 war er im Begriff, mit der österreichischen Gesandtschaft nach Wien abzugehen (S. 148); er
verließ Dresden aber erst am 29. April, nachdem der
Gesandte schon früher von da abgereist war, und gieng
zunächst nach Töplitz, von wo er sich über Prag nach
Wien zu wenden gedachte, ohne noch eigentlich zu wissen,

was er in Oesterreich thun würde. In Dresden hatte er Schulden hinterlassen müssen. Er deutete Ulriken an, daß sie ihn vielleicht nie wiedersehen würde (S. 150 f.). Der nächste Brief ist in Prag acht Tage nach der Schlacht bei Wagram geschrieben: ihr Ausfall hatte auf einmal alle seine Plane und Hoffnungen zertrümmert, noch niemals war er so erschüttert gewesen. Er hatte sich nach seinem Weggange von Dresden „mittelbar oder unmittelbar in die Arme der Begebenheiten hineinwerfen wollen", war aber, in allen Schritten dazu auf die seltsamste Weise behindert, genöthigt worden, in Prag seinen Aufenthalt zu nehmen. Dort schien sich ihm nach der Schlacht bei Aspern ein Wirkungskreis in einer unter der Begünstigung einflußreicher Männer zu gründenden politischen Wochenschrift zu eröffnen*), und er durfte glauben, daß sich in seinem Leben nie so viel vereinigt hätte, um ihn eine frohe Zukunft hoffen zu lassen; nun aber vernichteten die letzten Vorfälle des Krieges nicht nur diese Unternehmung, sondern seine ganze Thätigkeit überhaupt. Das ganze Geschäft des Dichtens, fürchtete er, würde ihm fortan gelegt sein. Was aus ihm werden sollte, wußte er nicht, indeß war er noch nicht völlig hoffnungslos; vielleicht, meinte er, könnten seine Prager Bekanntschaften ihm zu irgend etwas behülflich sein (S. 151 ff.). Gegen Ausgang des Novembers war er

---

*) Seiner Wanderung mit Dahlmann, die heute auf das Schlachtfeld um Aspern führte (Jul. Schmidt's Einleit. S. XCVI ff.), wird in diesem Briefe nicht gedacht.

wieder einmal in seiner Vaterstadt, wollte aber, wie er Ulriken nach Pommern meldete, wieder nach dem Oesterreichischen zurückgehen. Sein Muth schien sich damals aufs neue gehoben zu haben, denn er hoffte, daß die Schwester bald etwas Frohes von ihm erfahren werde (S. 154). Als er sich nach Berlin gewandt hatte und von da aus am 19. März 1810 an Ulriken schrieb, wünschte er, daß wenn sie aus Pommern in die Mark zurückkäme, sie auch auf eine Zeit lang nach Berlin zöge, wo sich damals angenehme gesellschaftliche Verhältnisse, besonders im Hause Altensteins, für ihn gebildet haben mußten. Auch hatte er sich der Gnade der Königin neu versichert; sein „Prinz von Homburg" sollte auf dem Privattheater des Fürsten Radziwill aufgeführt werden, sodann auf das Berliner Nationaltheater kommen, und, wenn das Stück gedruckt wäre, der Königin übergeben werden. Nach allem hoffte er für sich etwas Gutes, und, wie er glaubte, durfte er auf eine Hofcharge rechnen (S. 155 f.). Ein späteres, während eines Besuches in Frankfurt, wohin Ulrike zurückgekehrt war, geschriebenes Billet ohne Datum enthält dagegen die Nachricht, er sei vom König durch ein Schreiben im Militair angestellt worden. Gleichwohl kam die Sache nicht zur Ausführung (S. 157). Der Inhalt des vorletzten Briefes, vom 11. August 1811, dürfte dafür zeugen, daß sein Gemüth damals noch nicht völlig gebrochen war, indem er, weil er noch am Leben festhielt, eine sich ihm darbietende Gelegenheit mit Eifer ergriff, seine Schwester sich nahe zu

bringen, um damit den alten Wunsch, mit ihr wenigstens an demselben Orte zu leben, erfüllt zu sehen. Um
so weniger kann ich dem beistimmen, was Bülow (S. 74)
in einer Stelle des nur vier Tage jüngeren Briefes an
Fouqué (S. 245 f.) angedeutet glaubte. Wodurch Ulrike
zu der strengen Aeußerung Anlaß gegeben hatte, die
Kleist in seinem letzten Briefe zurücknahm (S. 159),
vermag ich nicht anzugeben.

Schon oben bemerkte ich, daß in dem Briefe vom
22. März 1801 an Ulrike und in dem von demselben
Tage an seine Braut mehrere Stellen wörtlich überein-
stimmen (vgl. S. 52 f. und bei Bülow S. 156—158).
Dies erklärt sich leicht aus dem gleichen Datum beider
Briefe. Auffallender ist es, daß solche ganz oder doch bei-
nahe wörtliche Uebereinstimmungen auch in solchen Briefen
der einen und der anderen Sammlung vorkommen, die
in mehr oder weniger von einander entfernten Zeiten
geschrieben sind (vergl. S. 40; 43; 48; 49; 60 mit
S. 123; 126; 133 f.; 145; 27 bei Bülow).

Was in den folgenden Anmerkungen steht, verdanke ich
zum allergrößten Theil der Güte der edlen Frau, der auch
zunächst und zumeist der Dank der Leser für die Ver-
öffentlichung der Briefe gebührt; das Uebrige konnte ich
aus eigener Bekanntschaft mit einzelnen Gliedern der
Familien v. Kleist und v. Schönfeldt hinzufügen.

Die im Anhang gedruckten Verse, die auf einem be-
sonderen Blättchen standen, und bei denen es wohl auf

Dieſtlichen abgeſehen war, ſind wahrſcheinlich die älteſten, die ſich von Kleiſt noch erhalten haben.

Je mehr in jüngſter Zeit, beſonders durch einen geiſtvollen Aufſatz in R. Hahns Preuß. Jahrbüchern (Bd. 2 Heft 6) und durch Jul. Schmidts Litteraturgeſchichte, ſo wie durch deſſen Einleitung zu der neueſten Ausgabe von Kleiſts Schriften, die Aufmerkſamkeit des Publikums auf den Dichter hingelenkt worden iſt, und je zuverſichtlicher erwartet werden darf, daß wegen des außerordentlich geringen Preiſes eben dieſer Ausgabe ſeine Schriften fortan in immer mehr ſich erweiternden Kreiſen Verbreitung und Anerkennung finden werden: deſto willkommener, darf ich hoffen, werden den Leſern derſelben dieſe Briefe ſein.

Pforte, den 15. November 1859.

Koberſtein.

Heinrichs von Kleist

Briefe an seine Schwester Ulrike.

1.

Eschborn*), den 25. Februar 95.

Liebe Ulrique.

Ein Geschenk mit so außerordentlichen Aufopferungen von Seiten der Geberin verknüpft, als Deine für mich gestrickte Weste, macht natürlich auf das Herz des Empfängers einen außerordentlichen Eindruck. Du schlägst jede Schlittenfahrt, jede Masquerade, jeden Ball, jede Comödie aus, um, wie Du sagst, Zeit zu gewinnen, für Deinen Bruder zu arbeiten; Du zwingst Dir eine Gleichgültigkeit gegen die für Dich sonst so reizbaren Freuden der Stadt ab, um Dir das einfachere Vergnügen zu gewähren, Deinen Bruder Dir zu verbinden. Erlaube mir, daß ich hierin sehr viel finde; mehr, — als gewöhnlich dergleichen Geschenke an wahrem innern Werth in sich enthalten. Gewöhnlich denkt sich der Geber so wenig bei der Gabe, als der Empfänger bei dem Danke; gewöhnlich vernichtet die Art zu geben, was die Gabe selbst vielleicht gut gemacht haben würde. Aber Dein Geschenk heischt einen ganz eignen Dank. Irre ich nicht, so hältst

---

*) Dorf im nassauischen Amte Höchst.

Du den Dank für überflüssig, für gleichgültig, oder eigentlich für geschmacklos. Auch hast Du in gewisser Rücksicht Recht, wenn Du von jener Empfindung sprichst, die in dem Munde einer gewissen Art von Menschen weiter nichts als der Klang einer hohlen Schelle ist. Was mich dahin leitet, Dir zu danken, ist aber eine sehr natürliche Empfindung, ist bloß Folge Deines glücklich gewählten Geschenks. Es flößt mir die wärmste Erkenntlichkeit gegen eine Schwester ein, die mitten in dem rauschenden Gewühl der Stadt, für deren Freuden sie sonst ein so fühlbares Herz hatte, an die Bedürfnisse eines weit entfernten Bruders denkt, nach einem jahrelangen Schweigen an ihn schreibt und mit der Arbeit ihrer geschickten Hand den Beweis ihrer Zuneigung ihm giebt. Du siehst wenigstens, liebe Ulrike, daß ich den Werth Deines Geschenkes zu schätzen weiß, und ich wünsche mir Glück, wenn ich Dich davon überzeugt habe.

Gustchens Brief und der Brief von der Tante Massow[1]) und der N* haben mir ein gleich lebhaftes Vergnügen gemacht. Sie beweisen mir alle eine gleiche Theilnahme an meiner Lage, und ich muß meine Erkenntlichkeit theilen. Der Brief von der gnädigen Tante enthält die Verwunderung, daß ich das Geld durch den Kaufmann Meyer noch nicht erhalten habe; auch mir ist

---

[1]) Gustchen, eine seiner Schwestern; Frau von Massow, die Schwester seiner Mutter, welche nach dem Tode von Kleist's Eltern deren Kinder um sich versammelte und den Haushalt fortführte.

der Vorfall unbegreiflich, und ich würde den Rath der Tante, an ihn zu schreiben, gern befolgen, wenn ich nur den Ort seines Aufenthaltes wüßte. Das Packet, worin die Strümpfe von der N* und noch andere Wäsche war, nebst den Briefen vom 21. Decbr. 1794 habe ich durch die Post erhalten; um so mehr ist es mir unerklärbar, warum der Kaufmann Meyer nicht zugleich das Geld abgeschickt hat. Ich verliere dabei zwar nichts, denn der Cap. v. Franckenberg ist so gnädig, mir meine Zulage, selbst in seiner Abwesenheit, auszahlen zu lassen; allein ich fürchte für eine Verwirrung mit den Geldern. Doch wird sich das alles wohl mit der nächsten Messe heben.

Die Nähe unserer Abreise nach Westphalen hindert mich daran, die Briefe von der Tante und der N* zu beantworten; einige nicht unwichtige Geschäfte erhalten mich diese kurze Zeit über so ziemlich in Bewegung. Dagegen wird die erste Zeit der Ruhe, die wir in Westphalen genießen, mir Gelegenheit geben, meine Pflicht zu beobachten. Ich hoffe auch von da aus zugleich die Nachricht von meinem Avancement abschicken zu können; der Marsch hat eine Aenderung darin gemacht, sonst wäre ich vielleicht jetzt schon Officier. Es macht mir indessen eine herzliche Freude, zu hören, daß Leopold[*)] schon so früh zum Officier reift. Der Stand, in dem er bisher gelebt hat, führt so manches Unangenehme, so manche

---

[*)] Der jüngere Bruder Kleist's, stand nachher bei der Garde in Potsdam, trat aus dem Regiment als Major und wurde darauf Postdirector zu Stolp in Pommern.

Unbequemlichkeit mit sich, die sein junges Alter vielleicht zu sehr angreifen würden. Auch hat ihn der Feldzug gegen die Polen genug mit Erfahrungen bereichert, um einige Ansprüche auf diese Stelle machen zu können. Gebe uns der Himmel nur Frieden, um die Zeit, die wir hier so unmoralisch tödten, mit menschenfreundlicheren Thaten bezahlen zu können!

Und nun nur noch ein paar Worte: Ein Auftrag, mich der gnädigen Tante, — — Gustchen — und allen meinen Geschwistern zu empfehlen; die Bitte, mein jetziges Schreiben bald zu beantworten, und die Versicherung meiner unveränderlichen herzlichen Freundschaft.

Heinrich.

2.

Frankfurt a. d. Oder, den 12. Novbr. 99.

Ich war zuerst Willens, der langen Verspätung dieses Briefes eine Rechtfertigung voranzuschicken; aber es fällt mir ein, daß doch eben nicht viele Billigkeit dazu gehört, sie zu entschuldigen, wenn man mich und die Absicht meines Hierseins kennt. Ich habe mir ein Ziel gesteckt, das die ununterbrochene Anstrengung aller meiner Kräfte und die Anwendung jeder Minute Zeit erfordert, wenn es erreicht werden soll. Ich habe besonders in diesem meinem zweiten akademischen Cursus eine Masse von

Geschäften auf mich geladen, die ich nicht anders als mit dem allermühsamsten Fleiß bearbeiten kann; eine Masse von Geschäften, die selbst nach dem Urtheile Hüllmanns zu schwer für mich ist, und von der ich daher, wenn ich sie dennoch trage, mit Recht sagen kann, daß ich das fast Unmögliche möglich gemacht habe. Unter diesen Umständen siehst Du wohl ein, daß es bisher nöthig war, mich oft mit einem augenblicklichen Andenken an Dich zu begnügen, und daß mir selbst jetzt die Zeit einer schriftlichen Unterhaltung mit Dir noch nicht geworden wäre, wenn durch den Eintritt der Messe die akademischen Vorlesungen nicht ausgesetzt worden wären. Diese vierzehn Tage der Ruhe, diesen Sonntag für meine lange geschäftsvolle Woche, benutze ich, um mich einmal nach Herzenslust zu vergnügen, und dieses Vergnügen soll ein Brief an Dich sein.

Wenn man sich so lange mit ernsthaften, abstracten Dingen beschäftigt hat, wobei der Geist zwar seine Nahrung findet, aber das arme Herz leer ausgehen muß, dann ist es eine wahre Freude, sich einmal ganz seinen Ergießungen zu überlassen; ja es ist selbst nöthig, daß man es zuweilen ins Leben zurückrufe. Bei dem ewigen Beweisen und Folgern verlernt das Herz fast zu fühlen; und doch wohnt das Glück nur im Herzen, nur im Gefühle, nicht im Kopfe, nicht im Verstande. Das Glück kann nicht, wie ein mathematischer Lehrsatz bewiesen werden, es muß empfunden werden, wenn es da sein soll. Daher ist es wohl gut, es zuweilen durch den Genuß sinnlicher Freuden von neuem zu beleben; und man müßte wenigstens täglich ein gutes Gedicht lesen, ein schönes Gemälde sehen, ein sanftes Lied hören — oder ein herzliches Wort mit einem Freunde reden, um auch den schönern, ich möchte sagen, den menschlicheren Theil unseres Wesens zu bilden.

Dieses letzte Vergnügen habe ich seit Deiner Abwesenheit von hier gänzlich entbehren müssen, und gerade dieses ist es, dessen ich am meisten bedarf. Vorsätze und Entschlüsse, wie die meinigen, bedürfen der Aufmunterung und der Unterstützung mehr als andere vielleicht, um nicht zu sinken. Verstanden wenigstens möchte ich gern zuweilen sein, wenn auch nicht aufgemuntert und gelobet; von einer Seele wenigstens möchte ich gern zuweilen verstanden werden, wenn auch alle andern mich verkennen. Wie man in einem heftigen Streite mit vielen Gegnern sich umsieht, ob nicht Einer unter allen ist, der uns Beifall zulächelt, so suche ich zuweilen Dich; und wie man unter fremden Völkern freudig einem Landsmann entgegenfliegt, so werde ich Dir, mein liebes Ulrikchen, entgegenkommen. Nenne es immerhin Schwäche von mir, daß ich mich so innig hier nach Mittheilung sehne, wo sie mir so ganz fehlt. Große Entwürfe mit schweren Aufopferungen auszuführen, ohne selbst auf den Lohn, verstanden zu werden, Anspruch zu machen, ist eine Tugend, die wir wohl bewundern, aber nicht verlangen dürfen. Selbst die größten Helden der Tugend, die jede andere Belohnung verachteten, rechneten doch auf diesen

Lohn; und wer weiß, was Sokrates und Christus gethan haben würden, wenn sie voraus gewußt hätten, daß keiner unter ihren Völkern den Sinn ihres Todes verstehen würde. Willst Du es doch eine Schwäche nennen, so ist es höchstens die Schwäche eines Münzensammlers z. B., der zwar hauptsächlich für sich und zu seinem Vergnügen, zu seinem Nutzen sammelte und daher auch nicht zürnt, wenn die Meisten gleichgültig bei seiner sorgfältig geordneten Sammlung vorübergehen, aber eben deswegen um so viel lieber einmal einen Freund der Kunst in sein Cabinet führt. Denn meine Absichten und meine Entschlüsse sind solche Schaumünzen, die aus dem Gebrauche gekommen sind und nicht mehr gelten; daher zeige ich sie gern zuweilen einem Kenner der Kunst, damit er sie prüfe und mich überzeuge, ob, was ich so emsig und eifrig sammle und aufbewahre, auch wohl ächte Stücke sind, oder nicht.

— Ich überlese jetzt den eben vorangegangenen Punct und finde, daß er mir mißfallen würde, wenn ich ihn, so wie Du hier, aus dem Munde eines jungen Menschen hörte. Denn mit Recht kann man ein Mißtrauen in solche Vorsätze setzen, die unter so vielen Menschen keinen finden, der sie verstände und billigte. Aber doch ist es mit den meinigen so; verstanden werden sie nicht, das ist gewiß, und daher, denke ich, werden sie nicht gebilligt. Wessen Schuld es ist, daß sie nicht verstanden werden — das getraue ich mir wenigstens nicht zu meinem Nachtheil zu entscheiden. Wenn ein Türke und ein Franzose zusammenkommen, so haben sie wenigstens gleiche Verpflichtung, die Sprache des Andern zu lernen, um sich verständlich zu machen. Tausend Bande knüpfen die Menschen aneinander, gleiche Meinungen, gleiches Interesse, gleiche Wünsche, Hoffnungen und Aussichten; — alle diese Bande knüpfen mich nicht an sie, und dieses mag ein Hauptgrund sein, warum wir uns nicht verstehen. Mein Interesse besonders ist den ihrigen so fremd und ungleichartig, daß sie — gleichsam wie aus den Wolken fallen, wenn sie etwas davon ahnden. Auch haben mich einige mißlungene Versuche, es ihnen näher vor die Augen, näher ans Herz zu rücken, für immer davon zurückgeschreckt; und ich werde mich dazu bequemen müssen, es immer tief in das Innerste meines Herzens zu verschließen.

Was ich mit diesem Interesse im Busen, mit diesem heiligen, mir selbst von der Religion, von meiner Religion gegebenen Interesse im engen Busen, für eine Rolle unter den Menschen spiele, denen ich von dem, was meine ganze Seele erfüllt, nichts merken lassen darf, — das weißt Du zwar nach dem äußern Anschein, aber schwerlich weißt Du, was oft dabei im Innern mit mir vorgeht. Es ergreift mich zuweilen plötzlich eine Aengstlichkeit, eine Beklommenheit, die ich zwar aus allen Kräften zu unterdrücken mich bestrebe, die mich aber dennoch schon mehr als einmal in die lächerlichsten Situationen gesetzt hat.

Die einzige Gesellschaft, die ich täglich sehe, ist

Zengens*), und ich würde um dieser peinlichen Verlegenheit willen auch diese Gesellschaft schon aufgegeben haben, wenn ich mir nicht vorgenommen hätte, mich durchaus von diesem unangenehmen Gefühl zu entwöhnen. Denn auf meinem Lebenswege werden mir Menschen aller Art begegnen, und jeden muß ich zu nutzen verstehen. Dazu kommt, daß es mir auch zuweilen gelingt, recht froh in dieser Gesellschaft zu sein. Denn sie besteht aus lauter guten Menschen und es herrscht darin viele Eintracht und das Aeußerste von Zwanglosigkeit. Die älteste Zenge, Minette*), hat sogar einen feineren Sinn, der für schönere Eindrücke zuweilen empfänglich ist; wenigstens bin ich zufrieden, wenn sie mich zuweilen mit Interesse anhört, ob ich gleich nicht viel von ihr wieder erfahre.

Ich sage mir zwar häufig zu meinem Troste, daß es nicht die Bildung für die Gesellschaft ist, die mein Zweck ist, daß diese Bildung und mein Zweck zwei ganz verschiedene Ziele sind, zu denen zwei ganz verschiedene Wege nach ganz verschiedenen Richtungen führen — denn wenn man z. B. durch häufigen Umgang, vieles Plaudern, durch Dreistigkeit und Oberflächlichkeit zu dem einen Ziele kommt, so erreicht man dagegen nur durch Einsamkeit, Denken, Behutsamkeit und Gründlichkeit das andere ꝛc. Auch soll mein Betragen jetzt nicht gefallen, das Ziel, das ich im Sinne habe, soll für thöricht gehalten werden,

---

*) Die Familie des Generals von Zenge.
*) Seine nachherige Braut.

man soll mich auf der Straße, die ich wandle, auslachen, wie man den Columbus auslachte, weil er Ostindien im Westen suchte. Nur dann erst bewunderte man ihn, als er noch mehr gefunden hatte, als er suchte ꝛc. Das alles sage ich mir zu meinem Troste. Aber dennoch möchte ich mich gern von dieser Beklommenheit entwöhnen, um so viel mehr, da ich mit Verdruß bemerke, daß sie mich immer öfter und öfter ergreift.

Aber ich fürchte, daß es mir in der Folge wie den meisten Gelehrten von Profession gehen wird; sie werden in ihrem äußern Wesen rauh — und für das gesellige Leben untauglich. Ich finde das aus vielen Gründen sehr natürlich. Sie haben ein höheres Interesse lieb gewonnen und können sich nicht mehr an dem gemeinen Interesse erwärmen. Wenn ein Anderer z. B. ein Buch, ein Gedicht, einen Roman gelesen hat, das einen starken Eindruck auf ihn machte und ihm die Seele füllte, wenn er nun mit diesem Eindruck in eine Gesellschaft tritt, er sei nun froh oder schwermüthig gestimmt, er kann sich mittheilen, und man versteht ihn. Aber wenn ich meinen mathematischen Lehrsatz ergründet habe, dessen Erhabenheit und Größe mir auch die Seele füllte, wenn ich nun mit diesem Eindruck in eine Gesellschaft trete, wem darf ich mich mittheilen, wer versteht mich? Nicht einmal ahnden darf ich lassen, was mich zur Bewunderung hinriß, nicht einen von allen Gedanken darf ich mittheilen, die mir die Seele füllen. — Und so muß man denn freilich zuweilen leer und gedankenlos erscheinen, ob man es gleichwohl nicht ist.

Der größte Irrthum ist denn wohl noch der, wenn man glaubt, ein Gelehrter schweige aus Stolz, etwa, weil er die Gesellschaft nicht der Mittheilung seiner Weisheit für werth achtet. Ich wollte schwören, daß es meistens gerade das Gegentheil ist, und daß es vielleicht gerade der äußerste Grad von Bescheidenheit ist, der ihm Stillschweigen auferlegt. Ich rede hier besonders von großen Gelehrten, die ihr Lob in allen Zeitschriften lesen. Man besucht sie häufig, um die Giganten doch einmal in der Nähe zu betrachten; man erwartet von ihnen, das wissen sie selbst, lauter Sentenzen, man glaubt, daß sie wie in ihren Büchern reden werden. Sie reden aber nur wenige gemeine Dinge, man verläßt sie mit dem Verdacht, daß sie aus Stolz geschwiegen haben, ob sie zwar gleich nur aus Bescheidenheit schwiegen, weil sie nicht immer in den erwarteten Sentenzen reden konnten, und doch nicht gern die gute Meinung, die man von ihnen hatte, zerstören wollten.

In solchen Lagen hat man die gelehrtesten Männer oft in der größten Verlegenheit gesehen. Unser gescheuter Professor Wünsch, der gewiß hier in Frankfurt obenan steht und Alle übersieht, würde doch gewiß, des bin ich überzeugt, durch die abgeschmacktesten Neckereien des albernsten Mädchens in die größte Verlegenheit gesetzt werden können. Du weißt, wie es Rousseau mit dem Könige von Frankreich gieng; und man braucht daher weder dumm noch feig zu sein, um vor einem Könige zu zittern. Ein französischer Officier, der, als Ludwig der Vierzehnte ihn heranrief, sich zitternd seinem Könige näherte und von ihm mit kalter königlicher Ueberlegenheit gefragt wurde, warum er so zittere? hatte dennoch die Freimüthigkeit zu antworten: Sire, ce n'est pas devant vos ennemis, que je tremble ainsi.

Meine Briefe werden lang, mein liebes Ulrichen; und was das Schlimmste ist, ich rede immer von mir. Verzeihe mir diese kleine menschliche Schwachheit. Vieles verschweige ich noch, das ich bis zu Deiner Rückkunft aufbewahre. Ob Dich Neuigkeiten mehr interessirt hätten, als der Inhalt dieses Briefes? — Wer weiß. Aber auf allen Fall gab es keine Neuigkeiten, außer die alte Leier, daß die Messe schlecht sei. Die Kleist aus Schernewitz*) war hier und hat mir gut gefallen. Sie will künftiges Jahr nach Flinsberg ins Bad reisen und wünscht eine Reisebegleiterin — wen habe ich hier wohl vorgeschlagen? Sie hat mir also förmlich aufgetragen, Dich zu dieser Reise einzuladen.

Bis dahin, denke ich, wirst Du doch noch einmal nach Frankfurt kommen? Was in aller Welt machst Du denn in Werben*)? Niemand von uns, ich selbst nicht, kann begreifen, was Dir den Aufenthalt dort auf viele Monate so angenehm machen kann. Wenn es kein Geheimniß ist, so schreibe es mir. Grüße Schönfeld und

---

*) Tschernewitz bei Guben.
*) Ein der Familie von Schönfeldt gehörendes Gut bei Cottbus.

furt zurück, und dies geschieht auf jeden Fall vor dem 1. November. Fragt Jemand nach uns, so heißt es, ich wäre verreiset, etwa ins Erzgebirge.

Sei ruhig. Adieu. H. K.

(Am Schlusse dieses Briefes bittet Kleist noch seine Schwester, von einer Geldsumme, die er am 1. October empfangen sollte, seine Collegia in Frankfurt zu bezahlen; er hatte nach dem Verzeichniß der zu zahlenden Posten bei Mabihn, Huth, Hüllmann, Kalau und Wünsch gehört).

8.

Berlin, den 27. October 1800.

Mein liebes, bestes Ulrikchen, wie freue ich mich, wieder so nahe bei Dir zu sein, und so froh, o ich bin es nie in meinem Leben herzlich gewesen, ich konnte es nicht; jetzt erst öffnet sich mir etwas, das mich aus der Zukunft anlächelt, wie Erdenglück. Mir, mein edles Mädchen, hast Du mit Deiner Unterstützung das Leben gerettet — Du verstehst das wohl nicht? Laß das gut sein. Dir habe ich, nach Brokes, von meiner jetzigen innern Ruhe und Fröhlichkeit das meiste zu danken, und ich werde das ewig nicht vergessen. Die Thoren! Ich war gestern in Potsdam, und alle Leute glaubten, ich wäre darum so seelenheiter, weil ich angestellt wäre — Die Thoren!

Du möchtest wohl die Einzige sein auf dieser Erde, bei der ich zweifelhaft sein könnte, ob ich das Geheimniß nun beenden soll, oder nicht? Zweifelhaft, sagte ich; denn bei jedem Andern bin ich entschieden, nie wird es aus meiner Seele kommen. Indessen die Erklärung wäre sehr weitläufig, auch bin ich noch nicht ganz entschieden. Ich weiß wohl, daß Du nicht neugierig bist, aber ohne Theilnahme bist Du auch nicht, und Deiner möchte ich am wenigsten gern kalt begegnen. Also laß mich nur machen. Wir werden uns schon einst verstehen. Für jetzt und immer bleibe verschwiegen über Alles.

Nach Frankfurt möchte ich jetzt nicht gern kommen, um das unausstehliche Fragen zu vermeiden, da ich durchaus nicht antworten kann. Denn ob ich gleich das halbe Deutschland durchreiset bin, so habe ich doch im eigentlichsten Sinne nichts gesehen. Von Würzburg über Meiningen, Schmalkalden, Gotha, Erfurt, Naumburg, Merseburg, Halle, Dessau, Potsdam nach Berlin bin ich in fünf Tagen gereist, Tag und Nacht, um noch vor dem 1. November hier zu sein.

Brokes ist nicht in Paris, sondern in Dresden, und das darum, weil bis auf den heutigen Tag die 100 Dukaten von Wien nicht angekommen sind. Wir haben aber in Würzburg die nöthigen Anstalten getroffen. Sie werden nach Dresden geschickt werden.

Sei so gut und gieb Zengen"), der auf Urlaub

---

11) Dem Bruder seiner Braut, der Officier war.

kommen wird, den versiegelten Schlüssel vom Büreau; er wird die Sorge übernehmen, alle meine Sachen herzuschaffen.

Ich werde auch etwas Geld in Frankfurt vom Vormunde übrig haben, das sei so gut und schicke mir gleich.

Ich sträube mich, nach so vielen Bitten noch eine an Dich zu wagen, aber ich sehe mich wirklich gezwungen dazu, indem ich keinen andern Ausweg weiß. Hältst Du indessen diese Bitte für unbescheiden, so betrachte sie lieber als nicht geschehen und bleibe mir nur gut. Du hast genug für mich gethan, um mir wohl einmal etwas abzuschlagen, und ich ehre Dich zu herzlich, als daß das nur eine Ahndung von Unwillen bei mir erwecken könnte.

Die Reise und besonders der Zweck der Reise war zu kostbar für 300 Rthlr. Brokes hat mir mit fast 200 Rthlr. ausgeholfen. Ich muß diese Summe ihm jetzt nach Dresden schicken. Er hat zu unaussprechlich viel für mich gethan, als daß ich daran denken dürfte, diese Verpflichtung nur einen Augenblick zu versäumen. Du weißt, daß ich selbst über mein Vermögen nicht gebieten kann, und Du erräthst das Uebrige. Ich bin in einem Jahre majorenn. Diese Summe zurückzuzahlen, wird mich nie reuen, ich achte mein ganzes Vermögen nicht um das, was ich mir auf dieser Reise erworben habe. Also deswegen sei unbesorgt. Antworte mir bald hierauf. Wenn mir diese kleine Unbequemlichkeit abgenommen wird, so wird es mir Mühe kosten, zu erdenken, was mir wohl auf der ganzen Erde zu meiner Zufriedenheit fehlen könne. Das wird mir wohl thun nach einem Leiden von 24 Jahren.

Grüße Alles, Alles und lebe wohl. Dein Bruder Heinrich.

N. S. Sollte Tante gern in mein Büreau wollen, wegen der Wäsche, so sorge doch auf eine gute Art dafür, daß der obere Theil, worin die Schreibereien, gar nicht geöffnet werde.

9.

Berlin, den 25. November 1800.

Liebe Ulrike. Die überschickten 260 Rthlr. habe ich erhalten und wünsche statt des Dankes herzlich, für so viele mir erfüllten Wünsche, Dir auch einmal einen der Deinigen erfüllen zu können.

Ich habe jetzt Manches auf dem Herzen, das ich zwar Allen verschweigen muß, aber doch Dir gern mittheilen möchte, weil ich von Dir nicht fürchten darf, ganz mißverstanden zu werden.

Indessen das würde, wenn ich ausführlich sein wollte, einen gar zu langen Brief kosten, und daher will ich Dir nur ganz kurz einige Hauptzüge meiner jetzigen Stimmung mittheilen.

Ich fühle mich mehr als jemals abgeneigt, ein Amt zu nehmen. Vor meiner Reise war das anders — jetzt hat sich die Sphäre für meinen Geist und für mein Herz ganz unendlich erweitert — das mußt Du mir glauben, liebes Mädchen.

So lange die Metallkugel noch kalt ist, so läßt sie sich wohl hineinschieben in das enge Gefäß, aber sie paßt nicht mehr dafür, wenn man sie glühet — fast so wie der Mensch nicht für das Gefäß eines Amtes, wenn ein höheres Feuer ihn erwärmt.

Ich fühle mich zu ungeschickt, mir ein Amt zu erwerben, zu ungeschickt, es zu führen, und am Ende verachte ich den ganzen Bettel von Glück, zu dem es führt.

Als ich diesmal in Potsdam war, waren zwar die Prinzen, besonders der jüngere, sehr freundlich gegen mich, aber der König war es nicht — und wenn er meiner nicht bedarf, so bedarf ich seiner noch weit weniger. Denn mir möchte es nicht schwer werden, einen andern König zu finden, ihm aber, sich andere Unterthanen aufzusuchen.

Am Hofe theilt man die Menschen ein, wie ehemals die Chemiker die Metalle, nämlich in solche, die sich dehnen und strecken lassen, und in solche, die dies nicht thun. — Die ersten werden dann fleißig mit dem Hammer der Willkür geklopft, die andern aber, wie die Halbmetalle, als unbrauchbar verworfen.

Denn selbst die besten Könige entwickeln wohl gern das schlummernde Genie, aber das entwickelte drücken

sie stets nieder; und sie sind wie der Blitz, der entzünd-
liche Körper wohl entflammt, aber die Flamme ausschlägt.

Ich fühle wohl, daß es unschicklich ist, so etwas selbst
zu sagen, indessen kann ich nicht leugnen, daß mir der
Gedanke durch die Seele geflogen ist, ob es mir nicht
einst so gehen könnte?

Wahr ist es, daß es mir schwer werden würde, in
ein Interesse einzugreifen, das ich gar nicht prüfen
darf — und das muß ich doch, wenn ich bezahlt
werde?

Es wäre zwar wohl möglich, daß ich lernen könnte,
es wie die Andern zu machen, — aber Gott behüte
mich davor!

Ja, wenn man den warmen Körper unter die kalten
wirft, so kühlen sie ihn ab, — und darum ist es wohl
recht gut, wenn man fern von den Menschen bleibt.

Das wäre auch recht eigentlich mein Wunsch, — aber
wie ich das ausführen werde, weiß ich noch nicht, und
nie ist mir die Zukunft dunkler gewesen als jetzt, obgleich
ich nie heitrer hineingesehen habe als jetzt.

Das Amt, das ich annehmen soll, liegt ganz außer
dem Kreise meiner Neigung. Es ist praktisch so gut,
wie die andern Finanzämter. Als der Minister mit mir
von dem Effect einer Maschine sprach, so verstand ich
ganz natürlich darunter den mathematischen. Aber wie
erstaunte ich, als sich der Minister deutlicher erklärte,
er verstehe unter dem Effect der Maschine nichts anders,
als das Geld, das sie einbringt.

Uebrigens ist, so viel ich einsehe, das ganze preußische Commerzsystem sehr militairisch, — und ich zweifle, daß es an mir einen eifrigen Unterstützer finden werde. Die Industrie ist eine Dame, und man hätte sie fein und höflich, aber herzlich einladen sollen, das arme Land mit ihrem Eintritt zu beglücken. Aber da will man sie mit den Haaren herbeiziehen; ist es ein Wunder, wenn sie schmollt? Künste lassen sich nicht, wie die militairischen Handgriffe, erzwingen. Aber da glaubt man, man habe alles gethan, wenn man Messen zerstört, Fabriken baut, Werkstühle zu Haufen anlegt. — Wem man eine Harmonika schenkt, ist der darum schon ein Künstler? Wenn er nur die Musik erst verstände, so würde er sich schon selbst ein Instrument bauen. Denn Künste und Wissenschaften, wenn sie sich selbst nicht helfen, so hilft ihnen kein König auf. Wenn man sie in ihrem Gange nur nicht stört, das ist Alles, was sie von den Königen begehren. — Doch ich kehre zur Hauptsache zurück.

Ich werde daher wahrscheinlich diese Laufbahn nicht verfolgen. Doch möchte ich sie gern mit Ehren verlassen und wohne daher während dieses Winters den Sessionen der technischen Deputation bei. Man wollte mir dies zwar anfänglich nicht gestatten, ohne angestellt zu sein, und der Minister drohte mir sogar schriftlich, daß wenn ich mich jetzt nicht gleich anstellen ließe, sich in der Folge für mich wenig Aussichten zeigen würden. Ich antwortete aber, daß ich mich nicht entschließen könnte, mich in ein Fach zu werfen, ohne es genau zu kennen, und beſtand darauf, dieſen Winter den Seſſionen bloß beizuwohnen, ohne darin zu arbeiten. Das ward mir denn endlich, unter der Bedingung, das Gelübde der Verſchwiegenheit abzulegen, geſtattet. Im nächſten Frühjahr werde ich mich beſtimmt erklären.

Bei mir iſt es indeſſen doch ſchon ſo gut, wie gewiß, beſtimmt, daß ich dieſe Laufbahn nicht verfolge. Wenn ich aber dieſes Amt ausſchlage, ſo giebt es für mich kein beſſeres, wenigſtens kein praktiſches. Die Reiſe war das einzige, das mich reizen konnte, ſo lange ich davon noch nicht genau unterrichtet war. Aber es kommt dabei hauptſächlich auf Liſt und Verſchmiztheit an, und darauf verſtehe ich mich ſchlecht. Die Inhaber ausländiſcher Fabriken führen keinen Kenner in das Innere ihrer Werkſtatt. Das einzige Mittel alſo, doch hinein zu kommen, iſt Schmeichelei, Heuchelei, kurz Betrug. — Ja, man hat mich in dieſer Kunſt zu betrügen ſchon unterrichtet; — nein, mein liebes Ulrikchen, das iſt nichts für mich.

Was ich aber für einen Lebensweg einſchlagen werde —? Noch weiß ich es nicht. Nach einem andern Amte möchte ich mich dann ſchwerlich umſehen. Unaufhörliches Fortſchreiten in meiner Bildung, Unabhängigkeit und häusliche Freuden, das iſt es, was ich unerläßlich zu meinem Glücke bedarf. Das würde mir kein Amt geben, und daher will ich es mir auf irgend einem andern Wege erwerben, und ſollte ich mich auch mit Gewalt von allen Vorurtheilen losreißen müſſen, die mich binden.

Aber behalte dies alles für Dich. Niemand versteht es, das haben mir tausend Erfahrungen bestätigt.

„Wenn Du Dein Wissen nicht nutzen willst, warum strebst Du denn so nach Wahrheit?" So fragen mich viele Menschen, aber was soll man ihnen darauf antworten? Die einzige Antwort, die es giebt, ist diese: weil es Wahrheit ist! — Aber wer versteht das?

Darum will ich jetzt so viel als möglich alle Vertrauten und Rathgeber vermeiden. Kann ich meine Wünsche nicht ganz erfüllen, so bleibt mir immer noch ein akademisches Lehramt übrig, das ich vor allen Aemtern am liebsten nehmen würde.

Also sei auch Du so ruhig, mein liebes Ulrikchen, als ich es bin, und denke mit mir, daß wenn ich hier keinen Platz finden kann, ich vielleicht auf einem andern Stern einen um so bessern finden werde.

Adieu. Lebe wohl und sei vergnügt auf dem Lande.

Dein treuer Bruder Heinrich.

10.

Berlin, den 5. Februar 1801.

Mein liebes, theures Ulrikchen, ich hatte, als ich Schönfeldt im Schauspielhause sah, in dem ersten Augenblicke eine unbeschreiblich frohe Hoffnung, daß auch Du in der Nähe sein würdest, — und noch jetzt weiß ich nicht, warum Du diese gute Gelegenheit, nach Berlin zu kommen, so ungenutzt gelassen hast. Recht herzlich würde ich mich darüber gefreut haben, und ob ich gleich weiß, daß Du daran nicht zweifelst, so schreibe ich es doch auf, weil ich mich noch weit mehr darüber gefreut haben würde, als Du glaubst. Denn hier in der ganzen volkreichen Königsstadt ist auch nicht ein Mensch, der mir etwas Aehnliches von dem sein könnte, was Du mir bist. Nie denke ich anders an Dich, als mit Stolz und Freude, denn Du bist die Einzige, oder überhaupt der einzige Mensch, von dem ich sagen kann, daß er mich ganz ohne ein eignes Interesse, ganz ohne eigene Absichten, kurz, daß er nur mich selbst liebt. Recht schmerzhaft ist es mir, daß ich nicht ein Gleiches von mir sagen kann, obgleich Du es gewiß weit mehr verdienst, als ich; denn Du hast zu viel für mich gethan, als daß meine Freundschaft, in welche sich schon die Dankbarkeit mischt, ganz rein sein könnte. Jetzt wieder bietest Du mir durch Schönfeldt Deine Hülfe an, und mein unseliges Verhältniß will, daß ich nie geben kann und immer annehmen muß. Kann Wackerbarth mir 200 Rthlr. geben, so denke ich damit und mit meiner Zulage den äußerst theuren Aufenthalt in Berlin (der mir eigentlich durch die vielen Besuche aus Potsdam theuer wird) bestreiten zu können. Besorge dies, und fürchte nicht, daß ich, wenn ich dankbarer sein muß, Dich weniger aus dem Innersten meiner Seele lieben und ehren werde.

Ich habe lange mit mir selbst gekämpft, ob ich

Schönfeldt's Vorschlag, ihm nach Werben zu folgen, annehmen sollte, oder nicht. Allein ich mußte mich für das letztere bestimmen, aus Gründen, die ich Dir kürzlich wohl angeben kann. Ich wünsche nämlich von ganzem Herzen, diesen für mich traurigen Ort so bald als möglich wieder zu verlassen. Sobald ich nach meinem Plane das Studium einiger Wissenschaften hier vollendet habe, so kehre ich ihm den Rücken. Daher wollte ich diesen ersehnten Zeitpunct nicht gern durch eine Reise weiter hinausschieben, als er schon liegt, und daher versagte ich mir das Vergnügen, Dich zu sehen. — Ach, wie gern hätte ich Dich gesehen in dem stillen Werben, wie vieles hätte ich Dir mittheilen, wie Manches von Dir lernen können! — Ach, Du weißt nicht, wie es in meinem Innersten aussieht. Aber es interessirt Dich doch? — O gewiß! Und gern möchte ich Dir Alles mittheilen, wenn es möglich wäre. Aber es ist nicht möglich, und wenn es auch kein weiteres Hinderniß gäbe, als dieses, daß es uns an einem Mittel zur Mittheilung fehlt. Selbst das einzige, das wir besitzen, die Sprache taugt nicht dazu, sie kann die Seele nicht malen, und was sie uns giebt, sind nur zerrissene Bruchstücke. Daher habe ich jedesmal eine Empfindung, wie ein Grauen, wenn ich Jemandem mein Innerstes aufdecken soll; nicht eben weil es sich vor der Blöße scheut, aber weil ich ihm nicht Alles zeigen kann, nicht kann, und daher fürchten muß, aus den Bruchstücken falsch verstanden zu werden. Indessen auf diese Gefahr will ich es bei Dir wagen und Dir, so gut ich kann, in zerrissenen Gedanken mittheilen, was Interesse für Dich haben könnte.

Noch immer habe ich mich nicht für ein Amt entscheiden können, und Du kennst die Gründe. Es giebt Gründe für das Gegentheil, und auch diese brauche ich Dir nicht zu sagen. Gern will ich immer thun, was recht ist, aber was soll man thun, wenn man dies nicht weiß? Dieser innere Zustand der Ungewißheit war mir unerträglich, und ich griff, um mich zu entscheiden, zu jenem Mittel, durch welches jener Römer in dem Zelte Porsenna's[12]), diesen König, als er über die Friedensbedingungen zauderte, zur Entscheidung zwang. Er zog nämlich mit Kreide einen Kreis um sich und den König und erklärte, keiner von ihnen würde den Kreis überschreiten, ehe der Krieg oder der Friede entschieden wäre. Fast ebenso machte ich es auch. Ich beschloß, nicht aus dem Zimmer zu gehen, bis ich über einen Lebensplan entschieden wäre; aber acht Tage vergiengen, und ich mußte doch am Ende das Zimmer unentschlossen wieder verlassen. — Ach, Du weißt nicht, Ulrike, wie mein Innerstes oft erschüttert ist. — — Du verstehst dies doch nicht falsch? — Ach, es giebt kein Mittel, sich Andern ganz verständlich zu machen, und der Mensch hat von Natur keinen andern Vertrauten, als sich selbst.

Indessen sehe ich doch immer von Tage zu Tage mehr ein, daß ich ganz unfähig bin, ein Amt zu führen.

---

[12]) Verwechselung mit dem König Antiochus IV., Epiphanes von Syrien.

Ich habe mich durchaus daran gewöhnt, eignen Zwecken zu folgen, und dagegen von der Befolgung fremder Zwecke ganz und gar entwöhnt. Letzthin hatte ich eine äußerst widerliche Empfindung. Ich war nämlich in einer Session, denen ich immer noch beiwohne, weil ich nicht recht weiß, wie ich mich davon losmachen soll, ohne zu beleidigen. Da wird unter andern Berichten auch immer eine kurze Nachricht ertheilt von dem Inhalt gewisser Journale über Chemie, Mechanik 2c. Eines der Mitglieder schlug einen großen Folianten auf, der der fünfte Theil eines neu herausgekommenen französischen Werkes über Mechanik war. Er sagte in allgemeinen Ausdrücken, er habe das Buch freilich nur flüchtig durchblättern können, allein es scheine ihm, als ob es wohl allerdings manches enthalten könnte, was die Deputation und ihren Zweck interessirt. Darauf fragte ihn der Präsident, ob er glaubte, daß es nützlich wäre, wenn es von einem Mitgliede ganz durchstudirt würde, und als er dies bejahend beantwortete, so wandte sich der Präsident schnell zu mir und sagte: nun Herr v. K., das ist etwas für Sie, nehmen Sie dies Buch zu sich, lesen Sie es durch und statten Sie der Deputation darüber Bericht ab. — Was in diesem Augenblicke Alles in meiner Seele vorging, kann ich Dir wieder nicht beschreiben. Ein solches Buch kostet wenigstens ein Jahr Studium, ist neu, folglich sein Werth noch gar nicht entschieden, würde meinen ganzen Studienplan stören 2c. 2c. Ich hatte aber zum erstenmal in zwei Jahren wieder einen Obern vor mir und wußte in der Verlegenheit nichts zu thun, als mit dem Kopfe zu nicken. Das ärgerte mich aber nachher doppelt, ich erinnerte mich mit Freuden, daß ich noch frei war, und beschloß, das Buch ungelesen zu lassen, es folge daraus, was da wolle. — Ich muß fürchten, daß auch dieses mißverstanden wird, weil ich wieder nicht Alles sagen konnte.

In Gesellschaften komme ich selten. Die jüdischen würden mir die liebsten sein, wenn sie nicht so pretiös mit ihrer Bildung thäten. An dem Juden Cohen habe ich eine interessante Bekanntschaft gemacht, nicht sowohl seinetwillen, als wegen seines prächtigen Cabinets von physikalischen Instrumenten, das er mir zu benutzen erlaubt hat. Zuweilen bin ich bei Clausius, wo die Gäste meistens interessanter sind, als die Wirthe. Einmal habe ich getanzt und war vergnügt, weil ich zerstreut war. Huth[13]) ist hier und hat mich in die gelehrte Welt eingeführt, worin ich mich aber so wenig wohl befinde, als in der ungelehrten. Diese Menschen sitzen sämmtlich wie die Raupe auf einem Blatte, jeder glaubt, seines sei das beste, und um den Baum kümmern sie sich nicht.

Ach, liebe Ulrike, ich passe mich nicht unter die Menschen, es ist eine traurige Wahrheit, aber eine Wahrheit; und wenn ich den Grund ohne Umschweif angeben soll, so ist es dieser: sie gefallen mir nicht. Ich weiß wohl, daß es bei dem Menschen, wie bei dem Spiegel, eigentlich auf die eigne Beschaffenheit beider ankommt,

---

[13]) Vergl. die Bemerkung am Schluß des 7. Briefes.

wie die äußern Gegenstände darauf einwirken sollen;
und mancher würde aufhören, über die Verderbtheit
der Sitten zu schelten, wenn ihm der Gedanke einfiele,
ob nicht vielleicht bloß der Spiegel, in welchen das
Licht der Welt fällt, schief und schmutzig ist. Indessen
wenn ich mich in Gesellschaften nicht wohl befinde, so
geschieht dies weniger, weil Andere, als vielmehr weil
ich mich selbst nicht zeige, wie ich es wünsche. Die
Nothwendigkeit, eine Rolle zu spielen, und ein innerer
Widerwillen dagegen machen mir jede Gesellschaft lästig,
und froh kann ich nur in meiner eignen Gesellschaft
sein, weil ich da ganz wahr sein darf. Das darf man
unter Menschen nicht sein, und keiner ist es. — Ach,
es giebt eine traurige Klarheit, mit welcher die Natur
viele Menschen, die an dem Dinge nur die Oberfläche
sehen, zu ihrem Glücke verschont hat. Sie nennt mir
zu jeder Miene den Gedanken, zu jedem Worte den
Sinn, zu jeder Handlung den Grund, — sie zeigt
mir Alles, was mich umgiebt und mich selbst in seiner
ganzen armseligen Blöße, und dem Herzen ekelt zuletzt
vor dieser Nacktheit. — — Dazu kommt bei mir eine
unerklärliche Verlegenheit, die unüberwindlich ist, weil
sie wahrscheinlich eine ganz physische Ursache hat. Mit
der größten Mühe nur kann ich sie so verstecken, daß
sie nicht auffällt; — o wie schmerzhaft ist es, in dem
Aeußern ganz stark und frei zu sein, indessen man im
Innern ganz schwach ist, wie ein Kind, ganz gelähmt,
als wären uns alle Glieder gebunden, wenn man sich

nie zeigen kann, wie man wohl möchte, nie frei handeln kann und selbst das Große versäumen muß, weil man voraus empfindet, daß man nicht Stand halten wird, indem man von jedem äußern Eindrucke abhängt, und das albernste Mädchen oder der elendste Schuft von élégant uns durch die matteste persiflage vernichten kann. — Das Alles verstehst Du vielleicht nicht, liebe Ulrike, es ist wieder kein Gegenstand für die Mittheilung, und der Andere müßte das Alles aus sich selbst kennen, um es zu verstehen.

Selbst die Säule, an welcher ich mich sonst in dem Strudel des Lebens hielt, wankt. — — Ich meine, die Liebe zu den Wissenschaften. — Aber wie werde ich mich hier wieder verständlich machen? — Liebe Ulrike, es ist ein bekannter Gemeinplatz, daß das Leben ein schweres Spiel sei; und warum ist es schwer? Weil man beständig und immer von Neuem eine Karte ziehen soll und doch nicht weiß, was Trumpf ist; ich meine darum, weil man beständig und immer von Neuem handeln soll und doch nicht weiß, was recht ist. Wissen kann unmöglich das Höchste sein, — Handeln ist besser als Wissen. Aber „ein Talent bildet sich im Stillen, doch ein Charakter nur in dem Strome der Welt." Zwei ganz verschiedene Ziele sind es, zu denen zwei ganz verschiedene Wege führen. Kann man sie beide nicht vereinigen, welches soll man wählen? Das höchste, oder das, wozu uns unsere Natur treibt? — Aber auch selbst dann, wenn bloß Wahrheit mein Ziel wäre, — ach, es ist so traurig, weiter nichts, als gelehrt zu sein! Alle Männer, die mich kennen, rathen mir, mir irgend einen Gegenstand aus dem Reiche des Wissens auszuwählen und diesen zu bearbeiten. — Ja freilich, das ist der Weg zum Ruhme, aber ist dieser mein Ziel? Mir ist es unmöglich, mich wie ein Maulwurf in ein Loch zu graben und alles Andere zu vergessen. Mir ist keine Wissenschaft lieber als die andere, und wenn ich eine vorziehe, so ist es nur wie einem Vater immer derjenige von seinen Söhnen der liebste ist, den er eben bei sich sieht. — Aber soll ich immer von einer Wissenschaft zur andern gehen, und immer nur auf ihrer Oberfläche schwimmen und bei keiner in die Tiefe gehen? Das ist die Säule, welche schwankt.

Ich habe freilich einen Vorrath von Gedanken zur Antwort auf alle diese Zweifel. Indessen reif ist noch keiner. — Goethe¹⁴) sagt, wo eine Entscheidung soll geschehen, da muß vieles zusammentreffen. — Aber ist es nicht eine Unart, nie den Augenblick der Gegenwart ergreifen zu können, sondern immer in der Zukunft zu leben? — Und doch, wer wendet sein Herz nicht gern der Zukunft zu, wie die Blume ihre Kelche der Sonne? — Lerne Du nur fleißig aus dem Gaspari, und vergiß nicht die Laute. Wer weiß, ob wir es nicht früh oder spät brauchen. Gute Nacht, es ist spät. Grüße Deine liebe Wirthin und alle Bekannte. H. R.

---
¹⁴) Nicht Goethe, sondern Schiller; vgl. die Piccolomini, 2. Aufz., 6. Auftr.

11.

Berlin, den 22. März 1801.

Mein liebes Ulrikchen, ich kann Dir jetzt nicht so weitläufig schreiben, warum ich mich entschlossen habe, Berlin sobald als möglich zu verlassen und ins Ausland zu reisen. Es scheint, als ob ich eines von den Opfern der Thorheit werden würde, deren die kantische Philosophie so viele auf dem Gewissen hat. Mich ekelt vor dieser Gesellschaft, und doch kann ich mich nicht losringen aus ihren Banden. Der Gedanke, daß wir hienieden von der Wahrheit nichts, gar nichts wissen, daß das, was wir hier Wahrheit nennen, nach dem Tode ganz anders heißt, und daß folglich das Bestreben, sich ein Eigenthum zu erwerben, das uns auch in das Grab folgt, ganz vergeblich und fruchtlos ist, dieser Gedanke hat mich in dem Heiligthum meiner Seele erschüttert. — Mein einziges und höchstes Ziel ist gesunken, ich habe keines mehr. Seitdem ekelt mich vor den Büchern, ich lege die Hände in den Schooß und suche ein neues Ziel, dem mein Geist, froh beschäftigt, von Neuem entgegenschreiten könnte. Aber ich finde es nicht, und eine innerliche Unruhe treibt mich umher, ich laufe auf Caffeehäuser und Tabagien, in Concerte und Schauspiele, ich begehe, um mich zu zerstreuen und zu betäuben, Thorheiten, die ich mich schäme aufzuschreiben, und doch ist der einzige Gedanke, den in diesem äußern Tumult meine Seele unaufhörlich mit glühender Angst bearbeitet, dieser: dein einziges und höchstes Ziel ist gefunden. — — Ich habe mich zwingen wollen zur Arbeit, aber mich ekelt vor Allem, was Wissenschaft heißt. Ich kann nicht einen Schritt thun, ohne mir deutlich bewußt zu sein, wohin ich will. — Mein Wille ist zu reisen. Verloren ist die Zeit nicht, denn arbeiten könnte ich doch nicht, ich wüßte nicht, zu welchem Zwecke? Ich will mir einen Zweck suchen, wenn es einen giebt. Wenn ich zu Hause bliebe, so müßte ich die Hände in den Schooß legen und denken; so will ich lieber spazieren gehen und denken. Ich kehre um, sobald ich weiß, was ich thun soll. Ist es eine Verirrung, so läßt sie sich vergüten und schützt mich vielleicht vor einer andern, die unwiderruflich wäre. Ich habe Dir versprochen, das Vaterland nicht zu verlassen, ohne Dich davon zu benachrichtigen, und ich erfülle mein Wort. Willst Du mitreisen, so steht es in Deiner Willkür. Einen frohen Gesellschafter wirst Du nicht finden, auch würden die Kosten nicht gering sein, denn mein Zuschuß kann nicht mehr sein, als ein Thaler für jeden Tag. Willst Du aber dennoch, so mache ich Dir gleich einige Vorschläge. Das Wohlfeilste würde sein, mit eigner Equipage zu reisen. Den Wagen könntest Du hier kaufen, eben so ein Paar alte ausrangirte polnische Husarenpferde, welche zu diesem Zwecke am besten tauglich sein möchten. Unser hiesiger Bedienter, ein brauchbarer, guter Mensch, geht gern mit. Doch auf diesen Fall wäre zu viel zu verabreden, als daß es sich schriftlich leicht thun ließe. Das Beste wäre daher, Du führest bis Eggersdorf und schriebst mir, wann ich Dich dort abholen sollte. Kommt Dir dies alles aber zu rasch, so bleibe ruhig, unsere Reise aufs künftige Jahr bleibt Dir doch unverloren. In diesem Falle hilf mir doch (wenn Du nicht kannst, durch Minetten[15]) mit 300 Rthlr. Aber so bald als möglich, denn die Unthätigkeit macht mich unglücklich. Ich möchte gern mit dem 1. April abreisen, das heißt also schon in acht Tagen. Mein Wille ist, durch Frankreich (Paris), die Schweiz und Deutschland zu reisen. Ich kehre vielleicht in Kurzem zurück, vielleicht auch nicht, doch gewiß noch vor Weihnachten. Heinrich.

N. S. Dieser Brief ist verspätet worden, und wenn ich nun auch nicht den ersten April reisen kann, so möchte ich doch gern in den ersten Tagen dieses Monats reisen.

Sage der Tante Massow, sie möchte mir so bald als möglich meine Zulage schicken. Auch außer dieser Zulage von 75 Rthlr. erhält sie noch 140 Rthlr. vom Vormund (worüber sie quittiren muß), die ich auch zugleich zu erhalten wünschte.

---

[15]) Eine andere Schwester Kleist's.

12.

Berlin, den 1. April 1801.

Mein liebes Ulrichen. Du kannst bei der G., verlorne Straße Nr. 22, absteigen.

Ich schreibe Dir hier folgende Berechnung auf, welche Du während Deiner Herreise prüfen kannst.

1. Die Pferde sind, da das Frühjahr und der Marsch (denn es rücken von hier einige Regimenter ins Feld) zusammenkommen, sehr theuer, und wir können rechnen, daß zwei Pferde jetzt wenigstens 10 Fr.b'or mehr kosten, als sie unter günstigeren Umständen gekostet haben würden. Sie sind bei unserer Rückkehr, wo der Winter (und vielleicht auch der Friede) eintritt, sehr wohlfeil, überdies auch nach der Wahrscheinlichkeit schlechter geworden, also kann man rechnen, daß wir wenigstens bei ihrem Verkauf 20 Fr.b'or daran verlieren.

2. Sie kosten uns monatlich (mit dem Kutscher) wenigstens 6 Fr.b'or, macht für 6 Monate 36 Fr.b'or.

3. Man kann Unfälle nach der Wahrscheinlichkeit in Anschlag bringen und etwa annehmen, daß von zehn Reisen durch Krankwerden und Fallen der Pferde eine verunglückt. Man müßte also für jede Reise den zehnten Theil des Pferdepreises in Anschlag bringen, macht, die Pferde zu 50 Fr.b'or gerechnet, 5 Fr.b'or.

Also 20 Fr.b'or.
36 ,
5 ,

Summa 61 Fr.b'or.

4. Dagegen kann man rechnen, daß man zwar, durch die Chikane der Postbedienten, der Wagen mag noch so leicht sein, nach der Regel drei Extra-Postpferde zu nehmen gezwungen ist; es muß aber durch Geschicklichkeit oft gelingen (besonders in Frankreich, wo man, wie ich häufig höre, sehr wohlfeil reisen soll), mit zwei Pferden wegzukommen; auch kann man gelegentlich mit Bauernpferden reisen. Gesetzt nun, man müßte die Hälfte der ganzen Reise nach Paris, das heißt 60 Meilen, drei Pferde bezahlen, macht (im preuß. Staate à 12 Ggr., in Frankreich aber weit wohlfeiler à 8 Ggr., also das Mittel à 10 Ggr.) 60 × 30 = 1800 Ggr., zweimal genommen (nämlich hin und zurück) 3600 Ggr. = 150 Rthlr. Gesetzt ferner, man könnte um ein Viertel der ganzen Reise, also 30 Meilen, mit zwei Pferden wegkommen, macht 30 × 20 × 2 = 1200 Ggr. = 50 Rthlr. Gesetzt endlich, man könnte nur das letzte Viertel der Reise mit Bauernpferden à 6 Ggr. fahren, macht 30 × 12 × 2 = 720 Ggr. = 30 Rthlr.

Also 150 Rthlr.
50 „
30 „
———
230 Rthlr.

Gesetzt, da Alles wohlfeil gerechnet, auch das Biergeld für Postillone vergessen ist, die ganze Reise kostete 70 Rthlr. mehr, als dieser Anschlag, so würde doch der Betrag nicht größer sein, als 300 Rthlr.

Dazu kommt, daß wir schneller nach Paris kommen, wo wir uns wohlfeil einmiethen können, also in den Wirthshäusern nicht so viel ausgeben. Endlich ist auch das Betrügen des Kutschers in einem fremden Lande und der Aerger, dem man auf diese Art ausweicht, in Anschlag zu bringen.

Willst Du doch nicht ohne Bedienung reisen (indem wir, wenn wir auf der Hinreise den Brocken besteigen, oder die herrliche Wasserfahrt von Mainz nach Coblenz machen, doch Jemanden bei dem Wagen und den Sachen zurücklassen, auch in Paris Einen haben müssen, der uns die Stube und Kleider reinigt, Essen holt ic. ic.), so will ich die Hälfte hinzuthun, macht etwa 6 Fr.b'or für jeden, wobei wir, bei der Ersparung der Biergelder, nicht viel mehr verlieren, als etwa die Hälfte.

Zu einem dritten Gesellschafter bin ich weder sehr geneigt, noch ist er leicht zu finden. Brokes und Rühle[16]) wären die einzigen; beide sind durch Aemter gefesselt.

Adieu. Ich erwarte Dich Sonnabend. Bringe mir mein Hutfutteral mit. Heinrich.

---

[16]) Der nachherige General in preuß. Diensten.

13.

Basel, den 16. December 1801.

Mein liebes, theures Ulrikchen, möchtest Du doch das Ziel Deiner Reise so glücklich erreicht haben, wie ich das Ziel der meinigen. Ich kann nicht ohne Besorgniß an Deine einsame Fahrt denken. Niemals habe ich meine Trennung von Dir gebilligt, aber niemals weniger als jetzt. Aber Gott weiß, daß oft dem Menschen nichts anders übrig bleibt, als unrecht zu thun. — Vielleicht bist Du in diesem Augenblick damit beschäftigt, mir aus Frankfurt zu schreiben, daß Du mir Alles verzeihst. Denn Deine unbezwungene Tugend ist es, ich weiß es (so). — Ach, Ulrike, Alles, was ich nach dem Trennungstage von Dir denken würde, habe ich monatelang vorhergesehen. Doch ich weiß, daß Du es nicht gerne hörst.

Ich habe auf meiner Reise oft Gelegenheit gefunden, mich Deiner zu erinnern und wehmüthiger, als Du glaubst. Denn immer sah ich Dich, so wie Du Dich in den letzten Tagen, ja auf der ganzen Fahrt von Paris nach Frankfurt mir zeigtest. Da warst Du so sanft. — Deine erste Tagereise gieng wahrscheinlich bis Hanau, die meinige bis Darmstadt. Das war ein recht trauriger Tag, der gar kein Ende nehmen wollte. Am andern Morgen, als wir über die schöne Bergstraße nach Heidelberg giengen, ward unsere Wanderung heiterer. Denn da war Alles so weit, so groß, so weit, und die Lüfte wehten da so warm, wie damals auf dem Kienast in Schlesien. — Vergiß nicht, Leopold zu sagen, daß er Gleißenberg[17]) von mir grüßen soll. — In Heidelberg bestieg ich wieder die schöne Ruine, die Du kennst. Daran haben wir damals gar nicht gedacht, daß Clairant und Clara wirklich einander bei dem tiefen Brunnen, der hier in den Felsen gehauen ist, zuerst wiedersahen[18]), und daß doch etwas Wahres an dieser Geschichte ist. — Bei Durlach saßen wir einmal beide auf dem Thurnberg und sahen die Sonne jenseits des Rheins über den Vogesen untergehen. Entsinnst Du Dich wohl noch unsers Gespräches? Mir war das Alles wieder lebendig, als ich diesmal dicht an dem Fuße dieses Berges vorbeigieng. — Ich bin diesmal auch in Carlsruhe gewesen, und es ist Schade, daß Du diese Stadt, die wie ein Stern gebaut ist, nicht gesehen hast. Sie ist klar und lichtvoll wie eine Regel, und wenn man hineintritt, so ist es, als ob ein geordneter Verstand uns ansprüche. — Bei Straßburg gieng ich mit meinem Reisegefährten über den Rhein. Das ist wohl ein guter Mensch, den man recht lieb haben kann. Seine Rede ist etwas rauh, doch seine That ist sanft. — Wir rechneten ohngefähr, daß Du an diesem Tage in

---

[17]) Vergl. Note 7.

[18]) Anspielung auf eine Situation in einem Romane A. Lafontaine's.

Leipzig sein könntest. Hast Du Hindenburg[19]) wieder gesprochen? Auch die jüngste Schlieben[20])? Ich habe in Straßburg Niemanden besucht, vorzüglich darum, weil die Zeit zu kurz war. Denn der schlechte Weg und die kurzen Wintertage hatten uns außerordentlich verspätet. Das Wetter für diese Reise war aber so ziemlich erträglich, fast eben so erträglich wie auf der Lebensreise, ein Wechsel von trüben Tagen und heitern Stunden. Manche Augenblicke waren herrlich und hätten im Frühlinge nicht schöner sein können. — Von hier aus giengen wir durch das französische Elsaß nach Basel. Es war eine finstere Nacht, als ich in das neue Vaterland trat. Ein stiller Landregen fiel überall nieder. Ich suchte Sterne in den Wolken und dachte mancherlei. Denn Nahes und Fernes, Alles war so dunkel. Mir war's, wie ein Eintritt in ein anderes Leben. — Ich bin schon seit einigen Tagen hier und hätte Dir freilich ein wenig früher schreiben können. Aber als ich mich am Morgen nach meiner Ankunft niedersetzte, war es mir ganz unmöglich. — Diese Stadt ist sehr still, man könnte fast sagen öde. Der Schnee liegt überall auf den Bergen, und die Natur sieht hier aus wie eine achtzigjährige Frau. Doch sieht man ihr an, daß sie in ihrer Jugend wohl schön gewesen sein mag. — Zuweilen stehe ich auf der Rheinbrücke, und es ist erfreulich, zu sehen, wie dieser Strom schon an seinem Beginnen so mächtig an-

---

[19]) Professor in Leipzig.
[20]) Vergl. Ed. v. Bülow a. a. O. S. 88. f., 178.

fängt. Aber man sagt, er verliert sich im Sande. — Heinrich Zschokke ist nicht mehr hier. Er hat seinen Abschied genommen und ist jetzt in Bern. Er hat einen guten Ruf und viele Liebe zurückgelassen. Man sagt, er sei mit der jetzigen Regierung nicht recht zufrieden. Ach, Ulrike, ein unglückseliger Geist geht durch die Schweiz. Es feinden sich die Bürger unter einander an. O Gott, wenn ich doch nicht fände, auch hier nicht fände, was ich suche, und doch nothwendiger bedarf, als das Leben! — Ich wollte, Du wärest bei mir geblieben. — Sind wir nicht wie Körper und Seele, die auch oft im Widerspruch stehen und doch ungern scheiden? — Lebe wohl, schreibe mir bald nach Bern. Wenn mein liebes, bestes Tantchen ein freundliches Wort in Deinem Briefe schreiben wollte, wenn auch Minette, Gustel, Leopold, Julchen[21]) das thun wollten, so würde mich das unbeschreiblich freuen.

Heinrich Kleist.

14.

Bern, den 12. Januar 1802.
(Adressire die Briefe nach Bern).

Mein liebes Ulrikchen, der Tag, an welchem ich Deinen Brief empfieng, wird einer der traurigsten meines Lebens bleiben. Die vergangene Nacht ist die

---

[21]) Kleist's jüngste Schwester.

dritte, die ich schlaflos zugebracht habe, weil mir immer das entsetzliche Bild vorschwebt. — So unglücklich mußte diese Reise enden [*]), die Dir niemals viele Freude gemacht hat? — Ich war in der ersten Ueberraschung ganz außer mir. Mir war's, als geschähe das Unglück, indem ich es las, und es dauerte lange, ehe mir zum Troste einfiel, daß es ja schon seit drei Wochen vorbei war. — Wie werden mich die Verwandten von allen Seiten mit Vorwürfen überschüttet haben! Werden sie es mir verzeihen können, daß ich Dich so einsam reisen ließ? Und doch, hätte meine Gegenwart Dir zu etwas Anderm dienen können, als bloß den Unfall mit Dir zu theilen?

Die andere Hälfte Deines Briefes, welche mich betrifft, ist auch nicht sehr erfreulich. — Mein liebes Ulrikchen, zurückkehren zu Euch ist, so unaussprechlich ich Euch auch liebe, doch unmöglich, unmöglich. Ich will lieber das Aeußerste ertragen. — Laß mich! Erinnere mich nicht mehr daran. Wenn ich auch zurückkehrte, so würde ich doch gewiß, gewiß ein Amt nicht nehmen. Das ist nun einmal abgethan. Dir selbst wird es einleuchten, daß ich für die üblichen Verhältnisse gar nicht mehr passe. Sie beschränken mich nicht mehr, so wenig wie das Ufer einen anschwellenden Strom.

---

[*]) Der Wagen der Schwester war kurz vor dem Ziel ihrer Rückreise von Paris im Wasser umgeworfen; es ging aber ohne weiteres Unglück ab, als daß sie und ihre Sachen, darunter viele Bücher und Landcharten, völlig durchnäßt wurden.

laß das also für immer gut sein. — Und dann, ich will ja, wohlverstanden, Deinen Willen thun, will ja hineintreten in das bürgerliche Leben, will ein Amt nehmen, eines, das für bescheidene Bedürfnisse gewiß hinreicht, und das noch dazu vor allen andern den Vorzug hat, daß es mir gefällt. — Ja, wenn auch wirklich mein Vermögen so tief herabgeschmolzen ist, wie Du schreibst, so kann ich doch immer noch meinen stillen, anspruchlosen Wunsch, ein Feld mit eigenen Händen zu bebauen, ausführen. Ja, zuletzt bleibt mir, bei meinem äußern und innern Zustand, kaum etwas anders übrig, und es ist mir lieb, daß Nothwendigkeit und Neigung hier einmal so freundlich zusammenfallen. Denn immer von meiner Kindheit an ist mein Geist auf diesem Lebenswege vorangegangen. Ich bin so sichtbar dazu geboren, ein stilles, dunkles, unscheinbares Leben zu führen, daß mich schon die zehn oder zwölf Augen, die auf mich sehen, ängstigen. Darum eben sträube ich mich so gegen die Rückkehr, denn unmöglich wäre es mir, hinzutreten vor jene Menschen, die mit Hoffnungen auf mich sahen, unmöglich, ihnen zu antworten, wenn sie mich fragen: wie hast Du sie erfüllt? Ich bin nicht, was die Menschen von mir halten, mich drücken ihre Erwartungen. — Ach, es ist unverantwortlich, den Ehrgeiz in uns zu erwecken, einer Furie zum Raube sind wir hingegeben. — Aber, nur in der Welt wenig zu sein, ist schmerzhaft, außer ihr nicht. Ach, das ist ein häßlicher Gegenstand. Von etwas Anderem. — Ja, was ich sagen wollte, ich bin nun einmal so verliebt in den Gedanken, ein Feld zu bauen, daß es wohl wird geschehen müssen. Betrachte mein Herz, wie einen Kranken, diesen Wunsch wie eine kleine Lüsternheit, die man, wenn sie unschädlich ist, immerhin gewähren kann. — Und im Ernste, wenn ich mein letztes Jahr überdenke, wenn ich erwäge, wie ich so seltsam erblittert gewesen bin gegen mich und Alles, was mich umgab, so glaube ich fast, daß ich wirklich krank bin. Dich, zum Beispiel, mein liebes, bestes Ulrikchen, wie konnte ich Dich, oft in demselben Augenblicke, so innig lieben und doch so empfindlich beleidigen? O verzeih mir! Ich habe es mit mir selbst nicht besser gemacht. — Du riethest mir einmal in Paris, ich möchte, um heiterer zu werden, doch kein Bier mehr trinken, und sehr empfindlich war mir diese materialistische Erklärung meiner Trauer; — jetzt kann ich darüber lachen, und ich glaube, daß ich auf dem Wege zur Genesung bin. Ach, Ulrike, es muß irgendwo einen Balsam für mich geben, denn der bloße Glaube an sein Dasein stärkt mich schon. — Ich will Dir wohl sagen, wie ich mir das letzte Jahr erkläre. Ich glaube, daß ich mich in Frankfurt zu übermäßig angestrengt habe, denn wirklich ist auch seit dieser Zeit mein Geist seltsam abgespannt. Darum soll er für jetzt ruhen, wie ein erschöpftes Feld, desto mehr will ich arbeiten mit Händen und Füßen, und eine Lust soll mir die Mühe sein. Ich glaube nun einmal mit Sicherheit, daß mich diese körperliche Beschäftigung wieder ganz herstellen wird. Denn zuletzt möchte alles Empfinden nur von dem Körper herrühren, und selbst die Tugend durch nichts anderes froh machen, als bloß durch eine, noch unerklärte, Beförderung der Gesundheit. — Wie, was war das? So hätte ich ja wohl nicht krank sein müssen, oder —? Wie Du willst, nur keine Untersuchung! In der Bibel steht: arbeite, so wird es Dir wohl gehen; — ich bilde mir ein, es sei wahr, und will es auf diese Gefahr hin wagen.

Und nun einen Schritt näher zum Ziele. Ich will, daß von dem Wackerbarthschen Capitale Du, die Tante, Stojentin [23]) und Werbeck [24]) sogleich bezahlt werden. Jeder Andere, der irgend mit einer Forderung an mich auftreten könnte, wird vor der Hand abgewiesen, weil ich hier nicht genau die Größe der Schuld weiß und mir zu diesem Behufe erst Papiere aus Berlin schicken lassen muß. (Du kannst Leopold sagen oder schreiben, er möchte einmal in Berlin bei Zengen in meinem Büreau oder in der Kiste ein blau geheftetes Rechenbuch in Octav aufsuchen. Da werden auf der vorletzten Seite sämmtliche Posten stehen, die ich schuldig bin. — Das Buch kann er nur Pannwitz schicken). Auch bin ich von ihnen mehr oder weniger betrogen worden und will nicht allein leiden, was ich nicht allein verbrach. Ich ersuche

---

[23]) Der in diesen Briefen öfter erwähnte Herr von Stojentin war ein Schwager Kleist's; er lebte zu Schorin, einem seiner in der Nähe von Stolp in Pommern gelegenen Güter.

[24]) Gutsbesitzer in der Nähe von Cöllbus.

also Pannwitz [15]), mir zu schreiben, wie viel sie von mir fordern, worauf ich selbst bestimmen werde, wie viel ihnen zu bezahlen ist. Die Schuld soll sodann mit diesem Theile von Seiten der Interessenten als gelöscht angesehen werden. Von mir selbst aber soll sie das nicht, und ich lege mir die Pflicht auf, auch den noch übrigen Theil einst zu bezahlen. Das soll Pannwitz ihnen sagen zu ihrer Ruhe, wenn etwas anders sie beruhigen kann, als schwarz auf weiß. Das nun, was von meinem gesammten Capital übrig bleibt, wenn meine Schulden bezahlt sind, darüber will ich nun sobald als möglich frei disponiren können, und ich will Dir jetzt sagen, was ich damit anzufangen denke.

Mir ist es allerdings Ernst gewesen, mein liebes Ulrikchen, mich in der Schweiz anzukaufen, und ich habe mich bereits häufig nach Gütern umgesehen, oft mehr in der Absicht, um dabei vorläufig mancherlei zu lernen, als bestimmt zu handeln. Auf meiner Reise durch dieses Land habe ich fleißig die Landleute durch Fragen gelockt, mir Nützliches und Gescheites zu antworten. Auch habe ich einige landwirthschaftliche Lehrbücher gelesen und lese noch dergleichen, kurz, ich weiß so viel von der Sache, als nur immer in einen offenen Kopf hineingehen mag. Dazu kommt, daß ich durch Heinrich Zschokke einige lehrreiche Bekanntschaften gemacht habe und nun meh-

---

[15]) Ein anderer Schwager Kleist's, an den der Brief im Anhang (Nr. 2) gerichtet ist.

rere mit Landmännern machen werde. Ueberall vertraue ich mich mit ziemlicher Offenheit an und finde Wohlwollen und Unterstützung durch Rath und That. Zschokke selbst will sich ankaufen, sogar in meiner Nähe, auch spricht er zuweilen von dem Schweizer-Bürgerrecht, das er mir verschaffen könne, und sieht dabei sehr herzlich aus; aber ich weiß noch nicht, ob ich recht lese. — Kurz, Du siehst, daß ich, ob ich gleich verliebt bin, mich doch nicht planlos, in blinder Begierde, über den geliebten Gegenstand hinstürze. Vielmehr gehe ich so vorsichtig zu Werke, wie es der Vernunft bei der Liebe nur immer möglich ist. — Ich habe also unter sehr vielen, beurtheilten Landgütern endlich am Thuner See eines gefunden, das mir selbst wohl gefällt, und was Dir mehr gelten wird, auch von meinen hiesigen Freunden für das schicklichste gehalten wird. — Die Güter sind jetzt im Durchschnitt alle im Preise ein wenig gesunken, weil mancher, seiner politischen Meinungen wegen, entweder verdrängt wird, oder freiwillig weicht. Ich selbst aber, der ich gar keine politische Meinung habe, brauche nichts zu fürchten und zu fliehen. — Das Gut also, von dem die Rede war, hat ein kleines Haus, ziemlich viel Land, ist während der Unruhen ein wenig verfallen und kostet circa 3500 Rthlr. Das ist in Vergleichung der Güte mit dem Preise das beste, das ich fand. Dazu kommt ein Vortheil, der mir besonders wichtig ist, nämlich daß der jetzige Besitzer das erste Jahr lang in dem Hause wohnen bleiben und das Gut gegen Pacht übernehmen will, wodurch ich mit dem Praktischen der Landwirthschaft hinlänglich bekannt zu werden hoffe, um mir sodann allein weiter fortzuhelfen zu können. — Auch wird Lohse, den seine Kunst ernährt*), bei mir wohnen und mir mit Hülfe an die Hand gehen. — Wenn ich also, wie Du schreibst, auf Deine Unterstützung rechnen kann, wenn Du mir eine — wie nenne ich es? Wohlthat erzeigen willst, die mir mehr als das Leben retten kann, so lege mir zu meinem übriggebliebenen Capital so viel hinzu, daß ich das Gut bezahlen kann. Das schicke mir dann so bald als möglich, und wenn Du mir auch nur einen Theil gleich, das Uebrige etwa in einigen Monaten schicken könntest, so würde ich gleich aus dieser Stadt gehen, wo meine Verhältnisse mir immer noch den Aufenthalt sehr theuer machen. Alles, was Du mir zulegst, lasse ich sogleich auf die erste Hypothek eintragen, und verlieren kannst Du in keinem Falle, auch in dem schlimmsten nicht.

Ob Du aber nicht etwas gewinnen wirst, ich meine, außer den Procenten —? Mein liebes Ulrikchen, bei Dir muß ich von gewissen Dingen immer schweigen, denn ich schäme mich zu reden gegen Einen, der handelt. — Aber Du sollst doch noch einmal Deine Freude an mir haben, wenn ich Dich auch jetzt ein wenig betrübe. — Auch Tante und die Geschwister sollen mir

---

*) Lohse, ein Maler, mit dem Kleist von Frankfurt a. M. nach der Schweiz gewandert war, lebte später in Mailand, wo er auch starb. Vergl. Ed. v. Bülow, a. a. O. S. 39.

wieder gut werden, o gewiß! Denn erzürnt sind sie auf mich, ich fühle es wohl, nicht einmal einen Gruß schicken sie dem Entfernten. Ich aber drücke mich an ihre Brust und weine, daß das Schicksal oder mein Gemüth — und ist das nicht mein Schicksal? eine Kluft wirft zwischen mich und sie. H. K.

15.

Thun, den 19. Februar 1802.

Meine liebe Freundin, meine einzige — Ich bin fast gewiß, daß Du mir meine Bitte um den Vorschuß zum Ankauf nicht abgeschlagen hast, so groß das Opfer bei Deiner Kenntniß meines Characters auch war. — Wenn Du es noch nicht abgeschickt hast, so schicke es nicht ab. Wundere Dich nicht, diesmal ist das Schicksal wankelmüthig, nicht ich. Es hatte allen Anschein, daß die Schweiz, so wie Cisalpinien, französisch werden wird, und mich ekelt vor dem bloßen Gedanken. — So leicht indessen wird es dem Allerwelts-Consul mit der Schweiz nicht gelingen. Zwar thut er sein Mögliches, dieses arme Land durch innere Unruhen immer schwach zu erhalten, und jetzt in diesem Augenblicke noch ist Zürich im Aufstande; indessen gewiß, wenn er sich deutlich erklärt, vereinigt sich Alles gegen den allgemeinen Wolf. — Jetzt also, wie Du siehst, und wie alle Männer meiner Be-

kanntschaft mir rathen, ist es höchst gewagt, sich in der
Schweiz anzukaufen, obschon die Güter sehr wohlfeil sind.
Besonders möchte ich Dein Eigenthum nicht so aufs
Spiel setzen; — kurz, vor der Hand thu' ich es nicht. —
Ich weiß, in welche unangenehme Lage Dich diese neue
Zumuthung setzen kann, doch ich trage jeden Schaden,
der Dir dadurch zufließen könnte. — Sollte uns der
Himmel einmal wieder zusammenführen, auf Händen will
ich Dich, Mädchen, tragen, im physischen und morali-
schen Sinne. — Ich bin jetzt bei weitem heitrer und
kann zuweilen wie ein Dritter über mich urtheilen. Hab'
ich jemals Gewissensbisse gefühlt, so ist es bei der Erin-
nerung an mein Betragen gegen Dich auf unserer Reise.
Ich werde nicht aufhören, Dich um Verzeihung zu bitten,
und wenn Du in der Sterbestunde bei mir bist, so will
ich es noch thun. — Ich gebe indessen den Plan nicht
auf und werde das nächste Jahr in der Schweiz bleiben.
Ich wohne in diesem Oertchen so wohlfeil, als Du es
nur erbeuten könntest. — Wenn ich Dir nur Deine
Sorge für mich nehmen könnte, so hätt' ich manche
frohe Augenblicke mehr. In Hinsicht des Geldes kann
ich Dir versichern, ist in der Zukunft für mich zur Nothdurft gesorgt. Du kannst es errathen, ich mag darüber
nichts sagen. — Nur vor der Hand brauche ich noch
von meinem eigenen Gelde. Darum will ich doch, daß
Du mir nun, oder vielmehr Panawitz, Alles schickest,
was an baarem Gelde noch mein ist. Mit dem Hause
mag's vor der Hand dahin gestellt bleiben. Das mußt

Du mir aber gleich schicken, und wäre nichts da, so bitte ich Dich um 50 Louisd'or, wofür Du meinen Antheil an Interessen des Hauses nehmen könntest, nach Maßgabe.

Lebe wohl und grüße die Unsern von Herzen. Schreib mir doch recht viel von neuen Verhältnissen im Hause durch Gustels Heirath.

— Den Brief adressire künftig immer nach T h u n.

Heinrich Kleist.

16.

Thun, den 18. März 1801 (l. 1802).

Mein bestes Ulrikchen, ich habe das Geld empfangen und bin untröstlich, daß mein Brief zu spät angelangt ist. Ich dachte immer, daß Du doch auf jeden Fall aus den Zeitungen die Lage der Schweiz kennen und daraus ersehen würdest, daß es jetzt gar nicht einmal möglich sei, sich mit Sicherheit anzukaufen. Denn kaum hatte ich meinen letzten Brief, in welchem ich Dir von den Züricher Unruhen schrieb, abgeschickt, so entstand sogar anderthalb Stunden von hier, im Simmenthal, ein Aufruhr unter den Bauern, worauf sogleich ein französischer General mit Truppen in Thun selbst einrückte. Es ist fast so gut wie ausgemacht, daß dies unglückliche

Land auf irgend eine Art ein Opfer der französischen
Brutalität wird, und ich weiß aus sichern Gründen, daß
die Schweizer Regierung, die bisher immer noch lavirt
hat, auf dem Puncte ist, sich ganz unzweideutig gegen
die Franzosen zu erklären. Die Erbitterung der Schweizer
gegen diese Affen der Vernunft ist so groß, daß jede andere
Leidenschaft weicht, und daß die heftigsten Köpfe der
Parteien durch den Würfel entscheiden lassen, wer sich
in die Meinung des andern fügen soll, bloß um, wie
schmollende Eheleute, sich gegen den Dieb zu wehren,
der einbricht. Ein Krieg also steht wahrscheinlicher Weise
diesem Lande schon in diesem Sommer bevor. — Doch
ich habe Dir meine Gründe schon weitläufiger in meinem
letzten Briefe entwickelt. Jetzt nur davon, was soll ich
mit dem Gelde anfangen? Ich bin so beschämt durch
meine Uebereilung und Deine unendliche Güte, daß ich gar
nicht weiß, was ich Dir sagen soll. In Deinem Briefe
ist so unendlich viel und mancherlei zu lesen, ob es gleich
darin nicht geschrieben steht, daß ich immer wechselnd
bald mit Entzücken*) an Dich, bald mit Widerwillen an

*) Entzücken? — Fällt Dir nichts ein? — — — Mir
ist das ganze vergangene Jahr wie ein Sommer-
nachtstraum. — Schreibe mir doch, ob sich Johann
eingefunden? Hat auch die Lalande [17]) geschrieben?

[17]) Die Tochter des berühmten Astronomen. Sie war an
einen Lo Français verheirathet, behielt aber ihren Vaternamen bei
und nannte sich Frau v. Lalande. Ihr Haus hatten Kleist und seine
Schwester während ihres Aufenthaltes in Paris täglich besucht.

mich denke. Nun, von der einen Seite, mein bestes Mädchen, kann ich jetzt Dich beruhigen, denn wenn mein kleines Vermögen gleich verschwunden ist, so weiß ich jetzt doch, wie ich mich ernähren kann. Erlaß mir das Vertrauen über diesen Gegenstand, Du weißt, warum? — Kurz, ich brauche nichts mehr, als Gesundheit, die mir eben auf ein paar Tage gefehlt hat. — Schreibe mir nur, wie ich es mit dem Gelde halten soll, und ob Du Dich auf irgend eine Art an dem Hause schadlos halten kannst. Noch habe ich den Wechsel nicht eingelöset, werde heute nach Bern, und läßt es sich machen, so bleibt das Geld fern von meinen unsichern Händen, bis Du bestimmst, was damit geschehen soll. — Kannst Du Dich an dem Hause schadlos halten, so ist mir's auf jeden Fall lieb, das Geld zu besitzen, das ich auf diese Art zu jeder Zeit und Gelegenheit brauchen kann. Schreibe mir bald, grüße die lieben Verwandten, und bald erhältst Du einen recht frohen Brief von Deinem Dir herzlich guten Bruder Heinrich.

17.

Auf der Aarinsel bei Thun, den 1. Mai 1802.

Mein liebes Ulrikchen, ich muß meiner Arbeit[26] einmal einen halben Tag stehlen, um Dir Rechenschaft zu

---

[26] Es ist wohl zunächst die Ausarbeitung seines Trauerspiels „die Familie Schroffenstein" gemeint.

geben von meinem Leben; denn ich habe immer eine undeutliche Vorstellung, als ob ich Dir das schuldig wäre, gleichsam als ob ich von Deinem Eigenthum zehrte.

Deinen letzten Brief mit Inschriften und Einlagen von den Geliebten habe ich zu großer Freude in Bern empfangen, wo ich eben ein Geschäft hatte bei dem Buchhändler Geßner, Sohn des berühmten, der eine Wieland, Tochter des berühmten, zur Frau und Kinder wie die lebendigen Idyllen hat: ein Haus, in welchem sich gern verweilen läßt. Darauf machte ich mit Zschokke und Wieland, Schwager des Geßner, eine kleine Streiferei durch den Aargau. — Doch das wäre zu weitläufig, ich muß Dich überhaupt doch von manchen andern Wunderdingen unterhalten, wenn wir einmal wieder beisammen sein werden. — Jetzt leb ich auf einer Insel in der Aare, am Ausfluß des Thunersees, recht eingeschlossen von Alpen, eine viertel Meile von der Stadt. Ein kleines Häuschen an der Spitze, das wegen seiner Entlegenheit sehr wohlfeil war, habe ich für sechs Monate gemiethet und bewohne es ganz allein. Auf der Insel wohnt auch weiter Niemand, als nur an der andern Spitze eine kleine Fischerfamilie, mit der ich schon einmal um Mitternacht auf den See gefahren bin, wenn sie Netze einzieht und auswirft. Der Vater hat mir von zwei Töchtern eine in mein Haus gegeben, die mir die Wirthschaft führt: ein freundlich-liebliches Mädchen, das sich ausnimmt wie ihr Taufname, Mädeli. Mit der Sonne stehen wir auf, sie pflanzt mir Blumen in den Garten, bereitet mir die Küche, während ich arbeite für die Rückkehr zu Euch; dann essen wir zusammen; Sonntags zieht sie ihre schöne Schweizertracht an, ein Geschenk von mir, wir schiffen uns über, sie geht in die Kirche nach Thun, ich besteige das Schreckhorn, und nach der Andacht kehren wir beide zurück. Weiter weiß ich von der ganzen Welt nichts mehr. Ich würde ganz ohne alle widrigen Gefühle sein, wenn ich nicht, durch mein ganzes Leben daran gewöhnt, sie mir selbst erschaffen müßte. So habe ich zum Beispiel jetzt eine seltsame Furcht, ich möchte sterben, ehe ich meine Arbeit vollendet habe. Von allen Sorgen vor dem Hungertod bin ich aber, Gott sei Dank, befreit, obschon Alles, was ich erwerbe, so gerade wieder drauf geht. Denn Du weißt, daß mir das Sparen auf keine Art gelingt. Kürzlich fiel es mir einmal ein, und ich sagte dem Mädell, sie sollte sparen. Das Mädchen verstand aber das Wort nicht, ich war nicht im Stande, ihr das Ding begreiflich zu machen, wir lachten beide, und es muß nun beim Alten bleiben. — Uebrigens muß ich hier wohlfeil leben, ich komme selten von der Insel, sehe Niemand, lese keine Bücher, Zeitungen, kurz, brauche nichts, als mich selbst. Zuweilen doch kommen Geßner, oder Zschokke oder Wieland aus Bern, hören etwas von meiner Arbeit und schmeicheln mir; — kurz, ich habe keinen andern Wunsch, als zu sterben, wenn mir drei Dinge gelungen sind: ein Kind, ein schön Gedicht und eine große That. Denn das Leben hat doch immer nichts Erhabneres, als nur dieses, daß man es erhaben wegwerfen kann. — Mit einem Worte, diese außerordentlichen Verhältnisse thun mir erstaunlich wohl, und ich bin von allem Gemeinen so entwöhnt, daß ich gar nicht mehr hinüber möchte an die andern Ufer, wenn Ihr nicht da wohntet. Aber ich arbeite unaufhörlich um Befreiung von der Verbannung; — Du verstehst mich. Vielleicht bin ich in einem Jahre wieder bei Euch. — Gelingt es mir nicht, so bleibe ich in der Schweiz, und dann kommst Du zu mir. Denn wenn sich mein Leben würdig beschließen soll, so muß es doch in Deinen Armen sein. — Adieu. Grüße, küsse, danke Allen.

Heinrich Kleist.

N. S. Ich war vor etwa vier Wochen, ehe ich hier einzog, im Begriff nach Wien zu gehen, weil es mir hier an Büchern fehlt; doch es geht so auch und vielleicht noch besser. Auf den Winter aber werde ich dorthin — oder vielleicht gar schon nach Berlin. — Bitte doch Leopold, daß er nicht böse wird, weil ich nicht schreibe. Denn es ist mir wirklich immer eine erstaunliche Zerstreuung, die ich vermeiden muß. In etwa sechs Wochen werde ich wenigstens ein Dutzend Briefe schreiben.

18.

Weimar, im November 1802.

Mein liebes Ulrikchen, ich bin sehr beunruhigt über das Ausbleiben aller Nachrichten von Dir. Wenn ich nicht irre, so solltest Du nach unsrer Verabredung zuerst schreiben —? Sollte ich es, so verzeih mir; und dem Himmel sei Dank, daß er mir in diesem Augenblick zufällig die Lust zum Schreiben gab. Denn Du weißt, was ein Brief von mir bedeutet. Es könnte eine Zeit kommen, wo Du ein leeres Blatt von mir mit Freudenthränen benetztest. — Ich wohne hier zur Miethe und hätte allerdings die Geschirre ꝛc. brauchen können; bin aber oft ganze Tage in Osmanstädt, wo mir ein Zimmer eingeräumt worden ist; denn Wieland hat sich nicht entschließen können, das Haus, in dem es spukt, zu beziehen. Wirklich im Ernste, wegen seiner Bedienung, die er sonst hätte abschaffen müssen. — Möchte Dich der Himmel doch nur glücklich in die Arme der Deinigen geführt haben! Warum sage ich nicht, der Unsrigen? Und wenn es die Meinigen nicht sind, wessen ist die Schuld, als meine? Ach, ich habe die Augen zusammengekniffen, indem ich dies schrieb. — Wenn Du nur glücklich von Werben nach Gurow²⁰) gekommen bist, für das Andre bin ich nicht besorgt. — Jetzt eben fällt mir etwas

---

²⁰) Ein an Werben (vergl. Anmerk. 6) grenzendes Gut, das ehemalige Besitzthum von Kleist's Großvater.

eln, was wohl der Grund Deines langen Stillschweigens sein könnte; nämlich die Arbeit an meinen Hemden. Ich möchte auf jede Hand weinen, die einen Stich daran thut. — Lebe wohl. Schreibe doch recht bald poste restante. Und die Hemden werden mir allerdings wohlthun.   Heinrich.

Auch brauche ich immer noch Chemisettes.

19.

Weimar, den 9. December 1802.

Mein liebes Ulrikchen, der Anfang meines Gedichtes[30], das der Welt Deine Liebe zu mir erklären soll, erregt die Bewunderung aller Menschen, denen ich es mittheile. O Jesus! Wenn ich es doch vollenden könnte! Diesen einz'gen Wunsch soll mir der Himmel erfüllen; und dann mag er thun, was er will. Zur Hauptsache! Ich brauche schon wieder Geld und kann Dir weiter nichts sagen. Ich habe Andern geborgt. Es ist verrückt, ich weiß es. Schicke mir doch, wenn es sein kann, den ganzen Rest.   Heinrich Kleist.

Dein Geschenk habe ich empfangen und würde es mit noch größerer Freude tragen, wenn ich wüßte, ob

---

[30] Wahrscheinlich ist der „Robert Guiscard" gemeint.

Du es mit eignen lieben Händen verfertigt hast? — Das Weihnachtsfest bringe ich in Osmanstädt zu. Wieland, der alte, auch der junge, grüßen Dich; und ich alle Unsrigen.

20.

(Ohne Datum.)

Da ich heute ungewöhnlich hoffnungsreich bin, so habe ich mich entschließen können, das böse Geschäft an Tantchen zu vollbringen. Ich habe die Feiertage in Osmanstädt zugebracht und mich nun (trotz einer sehr hübschen Tochter Wielands) entschlossen, ganz hinauszuziehen. Ich warte nur auf das Geld, um welches ich Dich gebeten habe, um nun zuletzt auf den Platz hinzugehen, an welchem sich mein Schicksal endlich, unausbleiblich und wahrscheinlich glücklich entscheiden wird; denn ich setze meinen Fuß nicht aus diesem Orte, wenn es nicht auf den Weg nach Frankfurt sein kann. — Die Geßnern[31]) ist allerdings endlich niedergekommen und gesund. Er aber (denke Dir!) hat Deinen Koffer Louls, bei welchem Deine Mäntel in Bern zurückblieben, noch nicht geschickt! — Schreibe mir doch auch einige Neuigkeiten, denn ich fange wieder an, Antheil an der Welt zu nehmen.

H. K.

---
[31]) Wieland's Tochter, vergl. Brief 17.

21.

Meine vortreffliche Schwester.

Ich hatte gleich nach Empfang Deines Schreibens einige sehr leidenschaftliche Zeilen für Dich aufgesetzt; hielt sie aber aus leicht begreiflichen Gründen lieber zurück. Ich melde Dir daher jetzt bloß, daß ich das Geld empfangen habe. In Kurzem werde ich Dir viel Frohes zu schreiben haben; denn ich nähere mich allem Erdenglück.

Osmanstädt, Januar 1803.

Heinrich Kleist.

N. S. Ich wohne schon geraume Zeit hier, und es freut mich, daß Du das gern siehst. Ich habe aber mehr Liebe gefunden, als recht ist, und muß über kurz oder lang wieder fort; mein seltsames Schicksal! — Wenigstens bis zum Frühjahr möchte ich hier bleiben. Wieland erzählt mir seine Lebensgeschichte; und ich schreibe sie auf. Er läßt Dich grüßen. Er hat nicht gewußt, daß Du es bist, der[*)] ihn besucht hat. Jetzt weiß er es. — Herr Gott! Was macht denn Gustchen? Schreibe mir bald, viel und ruhig. Verhehle mir Deine Besorgnisse nicht. — Grüße Alles.

[*)] Dies der erklärt sich, wenn Fräulein Ulrike, als sie mit ihrem Bruder bei Wieland war, Männerkleidung trug, wie sie dies zu jener Zeit gewöhnlich auf Reisen that; in Paris ging sie fast immer so gekleidet. Vergl. hierzu Ed. v. Bülow a. a. O. S. 184.

22.

Leipzig, den 13. März 1803.

Ich habe Deinen Brief vom 18. Februar empfangen und eile, ihn zu beantworten. — Vielen Dank für alle Deine guten Nachrichten. Wie mag doch das kleine Ding aussehen, das Gustel geboren hat? Ich denke, wie die Mäuse, die man aus Apfelkernen schneidet. —

Merkels unbekannter Correspondent bin ich nicht. —

Du bist doch immer noch die alte reiselustige Ulrike! Die Mara hat anderthalb Meilen von mir gesungen (in Weimar), und wahrhaftig, sie hätte in dem Kruge zu Osmanstädt singen können; es ist noch die Frage, ob ich mich gerührt hätte. Aber der Himmel behüte mich, Dir diese Reiselustigkeit zu bespötteln. Denn das wäre, als ob Einer, der mit sinkenden Kräften gegen einen Fluß kämpfte, die Leute, die auf sein Schreien ans Ufer stürzten, der Neugierde zeihen wollte. —

Das Verzeichniß der Sachen, die ich bei Carl Zenge zurückließ, kann ich nicht geben. —

Und Dich begleitet auf allen Schritten Freude auf meinen nächsten Brief? O Du Vortreffliche! Und o Du Unglückliche! Wann werde ich den Brief schreiben, der Dir so viele Freude macht, als ich Dir schuldig bin? —

Ich weiß nicht, was ich Dir über mich unaussprechlichen Menschen sagen soll. — Ich wollte, ich könnte mir das Herz aus dem Leibe reißen, in diesen Brief packen und Dir zuschicken. — Dummer Gedanke! Kurz, ich habe Osmanstädt wieder verlassen. Zürne nicht! Ich mußte fort und kann Dir nicht sagen, warum? Ich habe das Haus mit Thränen verlassen, wo ich mehr Liebe gefunden habe, als die ganze Welt zusammen aufbringen kann, außer Du! —! Aber ich mußte fort! O Himmel, was ist das für eine Welt!

Ich brachte die ersten folgenden Tage in einem Wirthshause zu Weimar zu und wußte gar nicht, wohin ich mich wenden sollte. Es waren recht traurige Tage! Und ich hatte eine recht große Sehnsucht nach Dir, o Du, meine Freundin!

Endlich entschloß ich mich, nach Leipzig zu gehen. Ich weiß wahrhaftig kaum anzugeben, warum? — Kurz, ich bin hier.

———

Ich nehme hier Unterricht in der Declamation bei einem gewissen Kerndörffer. Ich lerne meine eigne Tragödie bei ihm declamiren. Sie müßte, gut declamirt, eine bessere Wirkung thun, als schlecht vorgestellt. Sie würde mit vollkommener Declamation vorgetragen, eine ganz ungewöhnliche Wirkung thun. Als ich sie dem alten Wieland mit großem Feuer vorlas, war es mir gelungen, ihn so zu entflammen, daß mir, über seine innerlichen Bewegungen, vor Freude die Sprache vergieng, und ich zu seinen Füßen niederstürzte, seine Hände mit heißen Küssen überströmend³³).

Vorgestern faßte ich ein Herz und gieng zu Hindenburg. Da war große Freude. „Nun, wie sieht's in Paris um die Mathematik?" — Eine alberne Antwort von meiner Seite, und ein trauriger Blick zur Erde von der seinigen. — „So sind Sie bloß so herumgereiset?" — Ja, herumgereiset. — Er schüttelte wehmüthig den Kopf. Endlich erhorchte er von mir, daß ich doch an etwas arbeite. „Woran arbeiten Sie denn? Nun! Kann ich es denn nicht wissen? Sie brachten diesen Winter bei Wieland zu; gewiß! gewiß!" — Und nun fiel ich ihm um den Hals und herzte und küßte ihn so lange, bis er lachend mit mir überein kam: der Mensch müsse das Talent anbauen, das er in sich vorherrschend fühle.

Ob ich nicht auch mit Wünschen so fertig werden könnte? Und Huth? Und Hüllmann³⁴)? 2c. 2c. 2c.

Hindenburg erzählte mir, Du habest von der Gräfin Genlis einen Ruf als Erzieherin in ihr Institut zu Paris erhalten. Was verstehst Du davon? Ich, nichts.

---

³³) Diese Tragödie war der „Robert Guiscard"; vergl. den Brief Wieland's in dem Buch von Ed. v. Bülow, S. 34. ff.

³⁴) Vergl. die Bemerkung am Schluß des 7. Briefes.

Wieland hat Osmanstädt verkauft, und zieht auf 1. Mai nach Weimar. Der 3. Mai wird zu seiner Ehre mit einem großen Feste gefeiert werden. Ich bin eingeladen; und Alles, was süß ist, lockt mich**). Was soll ich thun?

Wenn Ihr mich in Ruhe ein paar Monate bei Euch arbeiten lassen wolltet, ohne mich mit Angst, was aus mir werden werde, rasend zu machen, so würde ich — ja, ich würde!

Leset doch einmal im 34. oder 36. Blatt des „Freimüthigen" den Aufsatz: Erscheinung eines neuen Dichters. Und ich schwöre Euch, daß ich noch viel mehr von mir weiß, als der alberne Kauz, der Kotzebue**). Aber ich muß Zeit haben, Zeit muß ich haben. — O Ihr Ernntchen mit Eurer Liebe!

**) Sollte sich dies nicht ganz besonders auf die „sehr hübsche Tochter Wieland's" beziehen, deren im 20. Briefe gedacht ist? Wie Ed. v. Bülow berichtet (a. a. O. S. 82), soll Kleist an ihr „innigeren Antheil genommen haben", und wie mir die gegenwärtige Besitzerin der Originale dieser Briefe mitgetheilt hat, so erinnert sie sich aus den Erzählungen ihrer Tante Ulrike, „Wieland habe eine seiner Töchter an Heinrich v. Kleist verheirathen wollen".

**) Diese Anzeige der „Familie Schroffenstein" im 36. St. des „Freimüthigen" vom Jahre 1803 war nicht von Kotzebue selbst, sondern von L. F. Huber.

Frage aber mit Behutsamkeit nach diesem Blatte, damit der litterarische Spürhund, der Merkel, nicht rieche, wer der neue Dichter sei⁸⁷)? Es darf überhaupt Niemand als etwa meine allernächsten Verwandten erfahren, und unter diesen auch nur die verschwiegenen. —

Auch thut mir den Gefallen und leset das Buch nicht. Ich bitte Euch darum. Es ist eine elende Schartheke⁸⁸). Kurz, thut es nicht. Hört Ihr?

(Hier bricht der Brief ab; die zweite Hälfte der Blattseite ist abgeschnitten; wahrscheinlich aber bildet ein der Reihenfolge eigenhändiger Briefe Kleist's hier eingeordnetes Blatt, welches als Abschrift bezeichnet und von Frauenhand beschrieben ist, den dort fehlenden Schluß. Die Abschrift — sie ist, gleich den übrigen nur in Abschriften vorhandenen Briefen, von Ulrikens Hand — lautet:)

Und nun küsse in meinem Namen jeden Finger meiner verehrungswürdigen Tante! Und, wie sie, den Orgelpfeifen gleich, stehen, küsse sie alle von der Obersten bis zur Letzten, der kleinen Maus aus dem Apfelkern geschnitzt! Ein einziges Wort von Euch, und ehe Ihr's Euch verseht, wälze ich mich vor Freude in der Mittelstube. Adieu! Adieu! Adieu! O Du meine Allertheuerste!

Leipzig, den 14. März 1803. Heinrich.

---

⁸⁷) Kleist hatte sich auf dem Titel seines Trauerspiels nicht genannt.

⁸⁸) Diese fünf Wörter sind ausgestrichen, aber noch deutlich zu lesen.

23.

Meine theuerste Freundin.

Der Rest meines Vermögens ist aufgezehrt, und ich soll das Anerbieten eines Freundes annehmen, von seinem Gelde so lange zu leben, bis ich eine gewisse Entdeckung im Gebiete der Kunst, die ihn sehr interessirt, völlig ins Licht gestellt habe. Ich soll in spätestens zwölf Tagen mit ihm nach der Schweiz gehen, wo ich diese meine litterarische Arbeit, die sich allerdings über meine Erwartung hinaus verzögert, unter seinen Augen vollenden soll. Nicht gern aber möchte ich Dich, meine Verehrungswürdige, vorübergehen, wenn ich eine Unterstützung anzunehmen habe; möchte Dir nicht gern einen Freund vorziehen, dessen Börse, im Verhältniß mit seinem guten Willen, noch weniger weit reicht, als die Deinige. Ich erbitte mir also von Dir, meine Theure, so viele Fristung meines Lebens, als nöthig ist, seiner großen Bestimmung völlig genug zu thun. Du wirst mir gern zu dem einzigen Vergnügen helfen, das, sei es noch so spät, gewiß in der Zukunft meiner wartet, ich meine, mir den Kranz der Unsterblichkeit zusammen zu pflücken. Dein Freund wird es, die Kunst und die Welt wird es Dir einst danken.

Das Liebste wäre mir, wenn Du statt aller Antwort selber kämest. Ich würde Dir mündlich manchen Aufschluß geben, den aufzuschreiben völlig außer meinem Vermögen liegt. In eilf Tagen würdest Du mich noch

hier, die nächstfolgenden Tage in Leipzig finden. Da
würdest Du auch meinen Freund kennen lernen, diesen
vortrefflichen Jungen. Es ist Pfuel, von Königs Regiment[*]). — Doch auch Dein Brief wird mir genug
sein. Adieu.

Dresden, den 3. Juli 1803.

Heinrich v. Kleist.

N. S. Grüße Alles und gieb mir Nachrichten.

24.

Meine theuerste Ulrike.

Pfuels eigner Vortheil zu meiner Begleitung in die
Schweiz ist zu groß, als daß ich jetzt zurücknehmen sollte,
was ich unter andern Umständen versprach. Er würde
immer noch die Reisekosten für mich bezahlen, um mich
nur bei sich zu sehen, und da ich doch einmal in meinem
Vaterlande nicht, nicht an Deiner Seite leben kann, so
gestehe ich, daß mir selber für jetzt kein Platz auf der
Erde lieber und auch nützlicher ist, als der an der seinigen. Laß mich also nur mit ihm gehen.

Ich bin wirklich immer, Eurer Rückreise wegen, in
Sorgen gewesen und werde es auch bleiben, bis ich Nachrichten von Dir empfange. Das kann aber doch nicht

---

[*]) Später preußischer General der Infanterie und im Jahre
1848 Minister-Präsident.

eher sein als in Bern, und dahin adressire Deinen Brief.
Ich selber werde jetzt oft und mit Vergnügen an Euch
schreiben. Seit ich Euch in Dresden sah, scheint mir
das leicht, da es mir doch, ich schwöre es Dir, vorher
unmöglich war. Ich weiß nicht, welche seltsame Vorstellung von einer unvernünftigen Angst meiner Verwandten
über mich in meinem Hirn Wurzel gefaßt hatte. Zum
Theil war ich überdrüssig, Euch mit Hoffnungen hinzu-
halten, zum Theil schien es mir auch unmöglich, bei Euch
noch welche zu erregen. Es ist also einerlei, dachte ich,
ob Du schreibst oder nicht.

Lies doch einliegenden Brief von Wieland, dem Alten,
den ich, auf ein kurzes Empfehlungsschreiben, das ich
Werdecks mitgab, am Abend Eurer Abreise empfieng.
Ich sehe sein Antlitz vor Eifer glühen, indem ich ihn
lese. — Die beiden letzten Zeilen sind mir die rührend-
sten. Du kannst sie, wenn Du willst, verstehen.

Schliebens lassen Euch noch tausendmal grüßen. Die
jüngste hat mir zum Andenken ein Halbhemdchen gestickt,
das ausnehmend schön ist. Ich habe die beiden Mädchen
immer die niedlichsten Sachen verfertigen sehen, Kleider, Tücher, Schleier ꝛc., und bemerkte doch niemals, daß
sie sie selber trugen. Am Tage vor meiner Abreise erfuhr
ich, daß die armen Kinder die Arbeit ihrer Hände verkaufen. Eine Freundin bezahlt sie ihnen und sucht sie
selber dann wieder bei Kaufleuten abzusetzen. Das ist
aber doch immer nur ein sehr ungewisser Absatz, und die
armen Mädchen müssen, weil sie so heimlich zu Werke

gehen, ihre Waare oft um ein Spotgeld hingeben. Könnte man ihnen nicht helfen? Ließen sich ihre Sachen nicht etwa bei einem der Kaufleute absetzen, die in Gulben⁴⁰) auf den Markt kommen? Wenn Du irgend ein Mittel weißt, wie sich dies mit Anstand und Verschweigung des Namens thun läßt, so nimm Dich doch der Sache an. Du kannst in diesem Falle nur geradezu mit ihnen darüber in Correspondenz treten. (Sie wissen aber davon nichts, daß ich Dir diesen Vorschlag mache.)

Die einliegenden Noten sind für mein neues Cousinchen, Emilie Schätzel. Die Arie ist hier fürs Clavier gesetzt, kann aber von ihrem Lehrer leicht für die Zither angeordnet werden.

Gleißenberg, wie Du wissen wirst, ist Gouverneur bei der école militaire geworden, als Capitain. Rühle löst ihn in Schlesien ab. — Ich gratulire von Herzen Carolinen; denn, so wahr ich lebe, sie wird einen Mann heirathen⁴¹).

Und nun lebe wohl, ich gehe heute Mittag von hier ab. Ich küsse Tantchens Hand und alle meine Geschwister, auch Ottilien⁴²).

Leipzig, den 20. Juli 1803.

Heinrich.

---

⁴⁰) Dorf in der Nähe von Cottbus.
⁴¹) Vergl. Anmerk. 7.
⁴²) Eine Nichte Kleist's.

25.

Der Himmel weiß, meine theuerste Ulrike, (und ich will umkommen, wenn es nicht wörtlich wahr ist), wie gern ich einen Blutstropfen aus meinem Herzen für jeden Buchstaben eines Briefes gäbe, der so anfangen könnte: „mein Gedicht*) ist fertig". Aber, Du weißt, wer nach dem Sprichwort mehr thut, als er kann. Ich habe nun ein Halbtausend hinter einander folgender Tage, die Nächte der meisten nit eingerechnet, an den Versuch gesetzt, zu so vielen Kränzen noch einen auf unsere Familie herabzuringen: jetzt ruft mir unsere heilige Schutzgöttin zu, daß es genug sei. Sie küßt mir gerührt den Schweiß von der Stirne und tröstet mich, „wenn jeder ihrer lieben Söhne nur eben so viel thäte, so würde unserem Namen ein Platz in den Sternen nicht fehlen." Und so sei es denn genug. Das Schicksal, das den Völkern jeden Zuschuß zu ihrer Bildung zumißt, will, denke ich, die Kunst in diesem nördlichen Himmelsstrich noch nicht reifen lassen. Thöricht wäre es wenigstens, wenn ich meine Kräfte länger an ein Werk setzen wollte, das, wie ich mich endlich überzeugen muß, für mich zu schwer ist. Ich trete vor Einem zurück, der noch nicht da ist, und beuge mich ein Jahrtausend im Voraus vor seinem Geiste. Denn in der Reihe der menschlichen Erfindungen ist die-

---
*) Der „Robert Guiscard".

jenige, die ich gedacht habe, unfehlbar ein Glied, und es wächst irgendwo ein Stein schon für den, der sie einst ausspricht.

Und so soll ich denn niemals zu Euch, meine theuersten Menschen, zurückkehren? O niemals! Rede mir nicht zu. Wenn Du es thust, so kennst Du das gefährliche Ding nicht, das man Ehrgeiz nennt. Ich kann jetzt darüber lachen, wenn ich mir einen Prätendenten mit Ansprüchen unter einem Haufen von Menschen denke, die sein Geburtsrecht zur Krone nicht anerkennen; aber die Folgen für ein empfindliches Gemüth, sie sind, ich schwöre es Dir, nicht zu berechnen. Mich entsetzt die Vorstellung.

Ist es aber nicht unwürdig, wenn sich das Schicksal herabläßt, ein so hülfloses Ding, wie der Mensch ist, bei der Nase herumzuführen? Und sollte man es nicht fast so nennen, wenn es uns gleichsam Luxe auf Goldminen giebt, die, wenn wir nachgraben, überall kein ächtes Metall enthalten? Die Hölle gab mir meine halben Talente, der Himmel schenkt dem Menschen ein ganzes oder gar keins.

Ich kann Dir nicht sagen, wie groß mein Schmerz ist. Ich würde von Herzen gern hingehen, wo ewig kein Mensch hinkommt. Es hat sich eine gewisse ungerechte Erbitterung meiner gegen sie bemeistert; ich komme mir fast vor wie Minette, wenn sie in einem Streite Recht hat und sich nicht aussprechen kann.

Ich bin jetzt auf dem Wege nach Paris sehr entschlossen, ohne große Wahl zuzugreifen, wo sich etwas finden wird. Geßner hat mich nicht bezahlt, meine unselige Stimmung hat mir viel Geld gekostet, und wenn Du mich noch einmal unterstützen willst, so kann es mir nur helfen, wenn es bald geschieht. Kann sein, auch wenn es gar nicht geschieht.

Lebe wohl, grüße Alles — ich kann nicht mehr.

Genf, den 5. October 1803.

Heinrich.

N. S. Schicke mir doch Wieland's Brief. Du mußt poste restante nach Paris schreiben.

26.

Meine theure Ulrike*). Was ich Dir schreiben werde, kann Dir vielleicht das Leben kosten; aber ich muß, ich muß, ich muß es vollbringen. Ich habe in Paris mein Werk, so weit es fertig war, durchlesen, verworfen und verbrannt: und nun ist es aus. Der Himmel versagt mir den Ruhm, das größte der Güter der Erde; ich werfe ihm, wie ein eigensinniges Kind, alle übrigen hin. Ich kann mich Deiner Freundschaft nicht würdig zeigen, ich kann ohne diese Freundschaft doch nicht leben:

---

*) Hier ist eine halbe Zeile mit großer Sorgfalt ausgestrichen, wie es scheint, nicht von Kleist selbst.

ich stürze mich in den Tod. Sei ruhig, Du Erhabene, ich werde den schönen Tod der Schlachten sterben. Ich habe die Hauptstadt dieses Landes verlassen, ich bin an seine Nordküste gewandert, ich werde französische Kriegsdienste nehmen, das Heer wird bald nach England hinüber rudern, unser aller Verderben lauert über dem Meere, ich frohlocke bei der Aussicht auf das unendlich prächtige Grab. O Du Geliebte, Du wirst mein letzter Gedanke sein!

St. Omer, den 26. October 1803.

Heinrich von Kleist.

27.

Mein liebstes Mielchen, laß Dir einige Nachrichten über den Erfolg meiner Reise mittheilen, ein Hundsfott giebt sie besser, als er kann.

Ich kam Dienstags Morgens mit Ernst und Gleißenberg hier an, mußte, weil der König abwesend war, den Mittwoch und Donnerstag versäumen, fuhr dann am Freitag nach Charlottenburg, wo ich Köckeritzen*) endlich im Schlosse fand. Er empfieng mich mit einem finstern Gesichte und antwortete auf meine Frage, ob ich die Ehre hätte, von ihm gekannt zu sein, mit einem kurzen: ja. Ich käme, fuhr ich fort, ihn in meiner wun-

---

*) General-Adjutanten des Königs.

berlichen Angelegenheit um Rath zu fragen. Der Marquis von Lucchesini hätte einen sonderbaren Brief, den ich ihm aus St. Omer zugeschickt, dem Könige vorgelegt. Dieser Brief müsse unverkennbare Zeichen einer Gemüthskrankheit enthalten, und ich unterstände mich, von Sr. Majestät Gerechtigkeit zu hoffen, daß er vor keinen politischen Richterstuhl gezogen werden würde. Ob diese Hoffnung gegründet wäre? Und ob ich, wiederhergestellt, wie ich mich fühlte, auf die Erfüllung meiner Bitte um Anstellung rechnen dürfte, wenn ich wagte, sie Sr. Majestät vorzutragen? — Darauf versetzte er nach einer Weile: „Sind Sie wirklich jetzt hergestellt? Ganz, verstehen Sie mich, hergestellt?" — „Ich meine," fuhr er, da ich ihn befremdet ansah, mit Heftigkeit fort, „ob Sie von allen Ideen und Schwindeln, die vor Kurzem im Schwange waren, (er gebrauchte diese Wörter) völlig hergestellt sind?" — Ich verstände ihn nicht, antwortete ich mit so vieler Ruhe, als ich zusammenfassen konnte; ich wäre körperlich krank gewesen und fühlte mich, bis auf eine gewisse Schwäche, die das Bad vielleicht heben würde, so ziemlich wieder hergestellt. — Er nahm das Schnupftuch aus der Tasche und schnaubte sich. „Wenn er mir die Wahrheit gestehen solle," fieng er an und zeigte mir jetzt ein weit besseres Gesicht, als vorher, „so könne er mir nicht verhehlen, daß er sehr ungünstig von mir denke. Ich hätte das Militair verlassen, dem Civil den Rücken gekehrt, das Ausland durchstreift, mich in der Schweiz ankaufen wollen, Versche gemacht (o meine

theure Ulrike!), die Landung mitmachen wollen ꝛc. ꝛc. ꝛc.
Ueberdies sei des Königs Grundsatz, Männer, die aus
dem Militair in's Civil übergiengen, nicht besonders
zu protegiren. Er könne nichts für mich thun." — Mir
traten wirklich die Thränen in die Augen. Ich sagte,
ich wäre im Stande, ihm eine ganz andere Erklärung
aller dieser Schritte zu geben, eine ganz andere gewiß,
als er vermuthete. Jene Einschiffungsgeschichte z. B.
hätte gar keine politischen Motive gehabt, sie gehöre vor
das Forum eines Arztes weit eher, als des Cabinets.
Ich hätte bei einer fixen Idee einen gewissen Schmerz
im Kopfe empfunden, der unerträglich heftig steigernd,
mir das Bedürfniß nach Zerstreuung so dringend gemacht
hätte, daß ich zuletzt in die Verwechselung der Erdaxe
gewilligt haben würde, ihn los zu werden. Es wäre
doch grausam, wenn man einen Kranken verantwortlich
machen wolle für Handlungen, die er im Anfalle der
Schmerzen begieng. — Er schien mich nicht ganz ohne
Theilnahme anzuhören. — Was jenen Grundsatz des
Königs beträfe, fuhr ich fort, so könne er des Königs
Grundsatz nicht immer gewesen sein. Denn Se. Majestät hätten die Gnade gehabt, mich mit dem Versprechen einer Wiederanstellung zu entlassen, ein Versprechen,
an dessen Nichterfüllung ich nicht glauben könne, so lange
ich mich seiner noch nicht völlig unwürdig gemacht
hätte. — Er schien wirklich auf einen Augenblick un-
schlüssig. Doch die zwangvolle Wendung, die er jetzt
plötzlich nahm, zeigte nur zu gut, was man bereits am

Hofe über mich beschlossen halte. Denn er holte mit einemmale das alte Gesicht wieder hervor und sagte: „Es wird Ihnen zu nichts helfen. Der König hat eine vorgefaßte Meinung gegen Sie; ich zweifle, daß Sie sie ihm benehmen werden. Versuchen Sie es, und schreiben Sie an ihn; doch vergessen Sie nicht die Bitte um Erlaubniß gleich hinzuzufügen, im Fall einer abschlägigen Antwort Ihr Glück im Auslande suchen zu dürfen." — Was sagst Du dazu, mein liebes Ulrikchen? — Ich antwortete, daß ich mir die Erlaubniß ausbäte, in meinem Vaterlande bleiben zu dürfen. Ich hätte Lust, meinem Könige zu dienen, keinem andern; wenn er mich nicht gebrauchen könne, so wäre mein Wunsch, im Stillen mir und den Meinigen leben zu dürfen. — „Richten Sie Ihren Brief," fiel er ein wenig betroffen ein, „wie Sie wollen. Es ist möglich, daß der König seine Meinung von Ihnen ändert; und wenn Sie ihn zu einer Anstellung geneigt machen können, so verspreche ich, Ihnen nicht entgegen zu wirken." — Ich ersuchte ihn jetzt förmlich um diese Gnade, und wir brachen das Gespräch ab. Er bat mich noch, auf eine recht herzliche Art, um Verzeihung, wenn er mich beleidigt haben sollte, verwünschte seinen Posten, der ihm den Unwillen aller Menschen zuzöge, denen er es nicht recht machte: ich versicherte ihn, daß ich ihn mit Verehrung verließe, und fuhr nach Berlin zurück. — Ich las auf dem Wege Wieland's Brief, den Du mir geschickt hast, und erhob mich, mit einem tiefen Seufzer, ein wenig wieder aus der Demü-

thigung, die ich so eben erfahren hatte. — Jetzt habe ich
dem Könige nun wirklich geschrieben; doch weil das Anerbieten meiner Dienste wahrscheinlich fruchtlos bleiben wird,
so habe ich es wenigstens in einer Sprache gethan, welche
geführt zu haben, mich nicht gereuen wird. Du selbst hast
es mir zur Pflicht gemacht, mich nicht zu erniedrigen; und
lieber die Gunst der ganzen Welt verscherzt, als die Deinige. — Ich habe jetzt die Wahl unter einer Menge von
sauern Schritten, zu deren einem ich zuletzt fähig sein
werde, weil ich es muß. Zu Deinen Füßen werfe ich
mich aber, mein großes Mädchen; möchte der Wunsch
doch Dein Herz rühren, den ich nicht aussprechen kann.

Berlin, den 24. Juni 1804.   Dein Heinrich.

N. S. Antworte mir doch bald. Ich will Deinen
Brief hier erwarten. Grüße Alles.

28.

(Ohne Datum).

Meine theure Ulrike, ob ich Dir gleich vor einigen
Tagen einen ziemlich hoffnungslosen Brief überschickt
habe, so kann ich Dir doch jetzt etwas über eine Art
von Aussicht mittheilen, die sich, wunderlich genug für
die Zukunft, mir auf einer ganz unerwarteten Seite eröffnet. — Du wirst Dich noch eines Majors Gualtieri
erinnern, welchen ich Dir, wenn ich nicht irre, bei Deiner

Anwesenheit in Berlin vor drei Jahren im Schauspielhause vorstellte⁴⁶). Dieser noch ziemlich junge Mann, ein Bruder der Kleisten⁴⁷) von Königs Regiment, geht jetzt in wenig Monaten als Gesandter nach Spanien und will, es ist ganz sein eigner Einfall, mich als seinen Legationsrath, oder vor der Hand als einen vom König angestellten Attaché bei seiner Gesandtschaft mitnehmen. Ihm sei, sagt er, ein Legationsrath aufgedrungen worden, von welchem er sich, wenn es möglich sei, noch hier, auf jeden Fall aber in Madrid, losmachen werde. In diesem letzteren Falle müßte ich etwa ein Jahr noch aus eigenen Kosten bestreiten, ich hätte jedoch Station auf der Reise, Wohnung und Tisch bei ihm in Madrid frei. Er wisse kein besseres Mittel, mich im Dienste des Königs wieder festen Fuß fassen zu machen, und er wolle, wenn ich auch gleich auf meine erste Bitte um Anstellung eine abschlägige Antwort erhielte (welches sich morgen oder übermorgen entscheiden wird), die Ausführung dieses ganzen Projects bei Hofe übernehmen. Ich erwarte jetzt von Dir, meine theure Schwester, die Bestimmung, ob ich mich in diesen Vorschlag einlassen soll oder nicht. Zu einem Amte wird er mir verhelfen, zum Glücke aber nicht. Doch davon soll ich Dir nicht sprechen. Adieu, Adieu.

Dein treuer Bruder Heinrich.

---

⁴⁶) Er ist aus Rahels Briefen und Barnhagens Schriften hinlänglich bekannt.

⁴⁷) Ihr Gatte war Flügel-Adjutant des Königs, sie wird in den folgenden Briefen öfter erwähnt.

N. S. Im Fall Du mich nach Spanien — verbannen willst (wer weiß, ob ich Dich jemals wiedersehe!), so muß ich wohl noch einige Zeit hier verweilen, die Sache einzuleiten, und mir zu diesem Aufenthalte, wenn Du es auftreiben kannst, einiges Geld ausbitten.

Hast Du die Wiese — die Wiese an der Oder bei Greifers — noch nicht wieder besucht?

Gleißenberg läßt sich empfehlen. — Verzeih diesen liederlichen Brief, er ist in Eile geschrieben, um mit Fritzen*) zu reden. Ich muß soeben wieder zu Gualtieri kommen, der mich in große Affection genommen hat. Er hält die ganze Sache schon für ausgemacht, und ich esse schon alle Tage bei ihm in der Stadt Paris.

29.

Mein liebes Ulrichen.

Der Major Gualtieri, welcher in einiger Zeit als Gesandter nach Spanien gehen wird, ein Freund meiner Jugend, welcher mir schon in Potsdam, als er noch Flügel-Adjutant des Königs war, viel Wohlwollen be-

---

*) Friederike von Kleist, Heinrichs Schwester, Gattin des Herrn von Stojentin; vergl. Anmerk. 24.

zengte, nimmt sich meiner jetzt mit großer Lebhaftigkeit
an und verspricht mir, wenn ich seinem Rathe folgen
will, mir mit der Zeit zu einem einträglichen und ehren-
vollen Posten zu verhelfen. Er will, daß ich mit ihm
nach Spanien gehen soll, wohin ich die Reise, dort auch
Tisch, vielleicht nach den Umständen auch Wohnung frei
haben werde, und giebt mir die Versicherung, mir für
diesen Fall die Anstellung als Attaché bei seiner Gesandtschaft, in einem Jahre dort vielleicht eine kleine
Zulage vom König und in (höchstens) drei Jahren den
Legationsraths-Posten selber auszuwirken.

Ich habe Dir dies Alles schon vor mehr als 14 Tagen
geschrieben, auch um Deinen Rath gebeten, aber keine Antwort erhalten und daher (weil Deine Antwort auf meinen
ersten Brief mich doch keinen andern Ausweg hoffen ließ)
mich bereits darauf eingelassen, so daß diese Sache durch
den Cabinetsrath Lombard schon völlig im Gange ist. —
Was diese Deine Antwort betrifft, so weiß ich nicht,
welcher Ausdruck in meinem Schreiben Dich wegen meines Briefes an den König so beunruhigt haben kann.
Denn wenn ich fühle, was ich mir selbst, so weiß ich,
was ich dem Könige schuldig bin; welches keiner Rede
mehr bedürfen sollte. Auch weiß ich bereits durch Lombard, daß der König zwar eine abschlägige Resolution
gegeben hat, aber bloß, weil man für mich keinen be-
zahlten Posten weiß und mir den Dienst von unten auf
nicht anbieten will. Diese königliche Antwort selber habe

ich aber bis auf den heutigen Tag (es sind nun drei Wochen) noch nicht erhalten, bin daher schon einigemal (vergebens) bei Haugwitz und Hardenberg, heute endlich wieder in Charlottenburg bei Köckeritz gewesen, der sich darüber sehr wunderte, in meiner Gegenwart zu Kleisten*) schickte, und, da herauskam, daß eine Unordnung bei Hardenberg oder Haugwitz vorgefallen war, mir rieth, die Sache fallen zu lassen und einen neuen Brief an den König zu schreiben. Dadurch habe ich diesen Mann einigermaßen in mein Interesse gezogen und bin fast willens, ihm einen neuen Brief an den König zur Einhändigung zu überreichen. — Uebrigens fürchte ich dennoch, daß mir mein erstes Gesuch immer abgeschlagen werden wird; mein zweites aber gewiß nicht, man sieht gar nicht ein, warum? Gualtieri will mich in diesem Fall mitnehmen nach Landeck in Schlesien, wohin Lombard auch gegangen ist, um mir dort die nähere Bekanntschaft dieses Mannes zu verschaffen, der sein specieller Freund ist. Ich bin dazu sehr geneigt, besonders da ich irgend eines Bades schlechterdings bedarf; wenn Du nur mich von der Geldseite darin unterstützen willst. — Schicke, wenn Du etwas für mich erübrigen kannst, dies doch sobald als möglich nach Berlin an Gleißenberg; sobald ich drei oder vier Tage von hier abwesend sein kann, so nutze ich sie, um nach Frankfurt zu reisen und Dir nähere Auskunft zu geben über diese Reise nach Spanien,

---

*) Vergl. Anmerk. 47.

die ihre gewissen Vortheile zwar hat, aber **ungeheure Folgen haben kann.** Adieu, grüße Alles.

Berlin, den 11. Juli 1804.   Dein Heinrich.

N. S. Du bist doch nicht krank, daß Du mir nicht geantwortet hast?

30.

Mein liebes Ulrikchen.

Die Antwort des Königs auf meine Zuschrift bleibt, auf eine mir ganz unverständliche Weise, zum zweitenmale aus. Ich habe nicht wagen dürfen, mich bei Röderitzen nach der Ursach dieses sonderbaren Aufschubs zu erkundigen, da jeder nächste Tag mir immer die Resolution noch bringen konnte. Uebermorgen aber geht meine Hoffnung zu Ende, und ich will zum viertenmale nach Charlottenburg hinaus. Denn dieser ungewisse Zustand wird mir nach gerade völlig zum Ekel. — Jene bewußten 20 Rthr. sind, weil die Adresse nicht bestimmt genug war, an den Obristen Kleist, Directeur der Militair-Akademie, abgegeben worden. Ich habe Geld und Brief, leider nicht mehr uneröffnet, empfangen und mich nur betrübt, daß ich diesem Manne nicht jetzt auch Deine früheren Briefe mittheilen konnte. — Ach, Ulrikchen, wie unglücklich wäre ich, wenn ich nicht mehr stolz sein könnte! — Werde nicht irre an mir, mein bestes Mädchen! Laß mir den Trost, daß Einer in der Welt sei, der fest auf mich vertraut! Wenn ich in Deinen Augen nichts mehr werth bin, so bin ich wirklich nichts mehr werth! — Sei standhaft! Sei standhaft!

Gualtieri reiset in einigen Tagen nach Schlesien, um einen Handel in Gang zu bringen, der nach Spanien unternommen werden soll. Er wartet wirklich bloß auf die Entscheidung meines Schicksals, um sich mich sogleich vom Könige auszubitten. Er will mich unentgeltlich mitnehmen, und ich brauche nichts, als jene 25 Rthlr., die Ihr mir monatlich ausgesetzt habt, um eine kleine Börse bei mir zu führen. Besorge mir also dies Geld, wenn es sein kann, unverzüglich hierher. Wir reisen wahrscheinlich über Frankfurt, und es sollte mir lieb sein, wenn sich Gelegenheit fände, Euch diesen Menschen vorzustellen, an welchem mir selber Alles, bis auf seine Liebe zu mir, so unbegreiflich ist. — Adieu! Viele Grüße an Tanten und die Geschwister.

Berlin, den   Freitag, Juli 1804.

Heinrich Kleist.

N. S. Ich wohne in der Spandauer Straße, Nr. 53.

31.

Meine beste Ulrike, ich kann Dir jetzt die sichere Nachricht geben, daß der König mein Gesuch günstig aufgenommen hat, obschon ich noch keine officielle Resolution darüber erhalten habe. Mir hat es Köckeritz vorgestern mit einer großen Ermahnung, die Gnade des Königs nicht zum drittenmal auf's Spiel zu setzen, auf eine sehr gütige Art angekündigt und mir gerathen, zu Beym zu gehen und die Beschleunigung der Resolution bei diesem zu betreiben. Der ganze Aufschub derselben scheint bloß daran zu liegen, daß man den Fonds zu einer kleinen Besoldung für mich erst eröffnen muß. Beym war gestern nicht zu Hause, und ich habe jetzt einen Brief an ihn entworfen, der vielleicht geschickt ist, ihn ein wenig für meine Sache zu interessiren.

Nach Spanien werde ich nun wohl nicht gehen, so wenig wie nach Schlesien. Gualtieri zwar glaubt es immer noch vortheilhaft für mich, allein er glaubt nicht, daß es der König jetzt bewilligen werde, indem er, wenn er mich bezahlt, auch wohl wird haben wollen, daß ich unmittelbar für ihn arbeite, nicht, daß ich Gualtieri'n einen Theil seiner Geschäfte in Spanien abnehme. — In diesem Falle wirst Du gewiß Dein Wort halten und zu mir nach Berlin kommen, das Einzige, um dessentwillen mich der glückliche Erfolg meines Gesuches wahrhaft freut. Auch wird Deine Sorge für mich nöthig sein, wenn ich mit einer kleinen Besoldung, die doch gewiß 300 Rthlr. nicht übersteigen wird, meine Bedürfnisse bestreiten soll. Es kann möglich sein, mit dieser Summe auszukommen, aber es ist eine Kunst, und man kann ihre Ausübung von einem Menschen, der dazu einmal nicht taugt, kaum verlangen, so wenig als das Seiltanzen oder irgend eine andere Kunst. Für jetzt wenigstens, da meine ganze Lebensweise noch so wenig geordnet sein kann, geht es mit 25 Rthlr. monatlich nicht, und Ihr müßt ein Einsehen haben. Schickt mir nur vor der Hand meine Betten, wenn es sein kann; und wenn ich meine paar Möbeln wieder zusammenfinden könnte, so würde ich auch drei oder vier Thaler monatlich wohlfeiler wohnen. Adieu! Adieu! Bald ein Mehreres und, ich hoffe, ganz Bestimmtes.

Berlin, den 2. August 1804.   Dein Heinrich.

Antworte bald.   Spandauer Straße, Nr. 53.

32.

Mein vortreffliches Mädchen, wie überraschest Du mich mit Deinem Antrage, mit diesem neuen Beweis Deiner Sorgfalt für mich, die immer noch im Stillen Dein Herz beschäftigt! Komm, meine Freundin, komm doch gleich zu mir! Gualtieri reiset wirklich in der Mitte künftigen Monats ab, er will immer noch, daß ich ihn nach Spanien begleite, lerne doch diesen Menschen selbst kennen und die Verhältnisse, und sage mir, was ich thun soll. In dem Hause, in welchem ich wohne, ist ein Zimmer noch, neben dem meinigen, zu vermiethen, sehr angenehm, ein wenig theuer; opfre dies für einen Monat! Wenn ich nach Spanien gehe, so gehst Du zu Deiner Tante zurück oder zu Leopolden; und wenn wir zusammen in Berlin uns etabliren können, so kann ich unter Deinen Augen die Anstalten treffen, die Du für zweckmäßig hältst. Wie glücklich könnten wir leben! Es würde nicht wie in Paris sein —! Adieu! Adieu! Antworte mir sogleich. Ich küsse Tanten, Minetten und Allen die Hände, die Deiner Liebe zu mir wieder einmal ihre freie Bewegung gelassen haben. Adieu! — Auf baldiges Wiedersehen!

Berlin, den 24. August 1804.

Dein treuer Bruder Heinrich.

N. S. Ich habe gestern einen Brief an Euch abgeschickt, doch die Quittung vergessen. Hier erfolgt sie für meine liebe Minette. — Pannwitzens Koffer ist mit Gleißenberg nach Gulben gegangen, um ihn dort abzugeben. Ich glaube, Wilhelm würde hingehen. — Gleißenberg bringt mir den meinigen von Dresden mit. — Schreibe mir genau, wann Du eintriffst, ich komme Dir entgegen.

33.

Meine liebste Ulrike, ich warte von Tage zu Tage auf eine Entscheidung vom Minister, ob ich vorläufig noch in Berlin bleiben, oder sogleich nach Franken gehen soll. Dieser Umstand ist Schuld, daß ich noch immer angestanden habe, mich einzuquartieren, und während dieser Zeit in einem theuren Gasthofe gewohnt habe, wo ich nun Mühe haben werde, heraus zu kommen. Du mußt es schon bei Minetten ausmachen, daß sie für diese außerordentliche Ausgabe etwas auftreibt, ich arbeite ja aus allen Kräften darauf los, es wieder zu bezahlen. Wenn Du Dich mit solchen Dingen nicht befassen willst, so ersuche ich Leopold, ihr eine vernünftige Vorstellung zu machen. Ich werde ja überdies dieser Vorschüsse nicht drei Jahre lang bedürftig sein, und so wird es im Ganzen nicht mehr ausmachen, wenn man es auf die letzten Monate abrechnet. — Wie wäre es auch, wenn Du zu mir herüber kämest? Ich bin sehr traurig. Du hast zwar nicht mehr viel Mitleiden mit mir, ich leide aber doch wirklich erstaunlich. Komm also nur herüber und tröste mich ein wenig. Ich weiß doch, daß Du mir gut bist, und daß Du mein Glück willst, Du weißt nur nicht, was mein Glück wäre. Nach Potsdam kehr' ich auch nicht zurück, wie ich zu Anfange glaubte; wozu also noch länger getrennt sein? Ich sehe hier keinen Menschen und bedarf Deiner lieben Gesellschaft. Es wird uns selbst eine förmliche Einrichtung nicht viel mehr kosten, als der Aufenthalt in diesem heillosen Gasthofe. Ich hoffe also auf die Erfüllung meiner Bitte. Ich werde noch heute zur Kamelen⁴⁰) gehen und sie auffordern, uns eine Wohnung auszumitteln. Chambre garnie, und Du läßt das Mädchen aus Frankfurt kommen. Wie gern würde ich Dich abholen! Doch ich muß schlechterdings in Berlin bleiben. Richte Dich also nur selbst ein. Vielleicht kömmst Du mit der Kleisten, die ja auch nach Berlin wollte. — Das würde mich sehr freuen! Adieu!

Berlin, den December 1804. (Im goldenen Stern).

Dein Heinrich.

34.

(Aus Königsberg, im Herbst 1806).

Meine theuerste Ulrike.

Wie schrecklich sind diese Zeiten! Wie gern möcht' ich, daß Du an meinem Bette säßest, und daß ich Deine Hand hielte; ich fühle mich schon gestärkt, wenn ich an Dich denke! Werdet Ihr flüchten? Es heißt ja, daß der Kaiser den Franzosen alle Hauptstädte zur Plünderung versprochen habe. Man kann kaum an eine solche Raserei der Bosheit glauben. Wie sehr hat sich Alles bestätigt, was wir vor einem Jahre schon voraussahen! Man hätte das ganze Zeitungsblatt von heute damals

⁴⁰) Oberhofmeisterin der Prinzeß Heinrich und Freundin von Ulrike.

schon schreiben können. Habt Ihr Nachrichten von Leopold und Pannwitz? Vom Regiment Möllendorff sollen ja nur drei Officiere übrig geblieben sein. Vierzig tausend Mann auf dem Schlachtfelde, und doch kein Sieg! Es ist entsetzlich. Pfuel war, kurze Zeit vor dem Ausbruch des Krieges, Adjutant bei dem General Schmettau geworden, der bei Saalfeld geblieben ist. Was aus ihm geworden ist, weiß ich nicht. Auch von Rühlen habe ich seit drei Wochen keine Nachrichten erhalten. Sie standen beide bei dem Corps des Prinzen Hohenlohe, das, wie es heißt, eingeschlossen und von der Elbe abgeschnitten ist. Man kann nicht ohne Thränen daran denken. Denn wenn sie alle denken, wie Rühle und Pfuel, so ergiebt sich keiner. Ich war vor einiger Zeit willens, nach Berlin zu gehen. Doch mein immer krankhafter Zustand macht es mir ganz unmöglich. Ich leide an Verstopfungen, Beängstigungen, schwitze und phantasire und muß unter drei Tagen immer zwei das Bette hüten. Mein Nervensystem ist zerstört. Ich war zu Ende des Sommers fünf Wochen in Pillau, um dort das Seebad zu gebrauchen; doch auch dort war ich bettlägrig und bin kaum fünf- oder sechsmal ins Wasser gestiegen. Die Präsidentin*) hat mir noch ganz kürzlich etwas für Dich aufgetragen, mein Kopf ist aber so schwer, daß ich Dir nicht sagen kann, was?

---

*) Wahrscheinlich Frau von Auerswald, in deren Hause Kleist viel war.

Es wird wohl nicht mehr, als ein Gruß gewesen sein. Sie hat durch den Kriegsrath Scheffner etwas von Dir erfahren, von dem Du, glaub' ich, eine Anverwandte gesehen und gesprochen hast. Uebrigens geht es mir gut. Wenn ich nur an Dir nicht Unrecht gethan hätte, mein theuerstes Mädchen! Ich bin so gerührt, wenn ich das denke, daß ich es nicht beschreiben kann. Schreibe mir doch, wenn Ihr, wie ich fast glaube, nach Schorin gehen solltet. Denn Minette wird doch schwerlich die Franzosen in Frankfurt abwarten. Vielleicht komm' ich alsdann auch dahin. Kein besserer Augenblick für mich, Euch wiederzusehen, als dieser. Wir sänken uns, im Gefühl des allgemeinen Elends, an die Brust, vergäßen und verziehen einander und liebten uns, der letzte Trost in der That, der dem Menschen in so fürchterlichen Augenblicken bleibt. Es wäre schrecklich, wenn dieser Wüthrich sein Reich gründete. Nur ein sehr kleiner Theil der Menschen begreift, was für ein Verderben es ist, unter seine Herrschaft zu kommen. Wir sind die unterjochten Völker der Römer. Es ist auf eine Ausplünderung von Europa abgesehen, um Frankreich reich zu machen. Doch, wer weiß, wie es die Vorsicht lenkt. Adieu, meine theuerste Ulrike, ich küsse Dir die Hand. Zweifle niemals an meiner Liebe und Verehrung. Empfiehl mich allen meinen theuern Anverwandten und antworte mir bald auf diesen Brief.

Den 24.   H. v. Kleist.

35.

Königsberg, den 6. December 6.

Meine liebe, vortreffliche Ulrike.

Dein Brief vom 9. November, den ich erst, Gott weiß, wie es zugeht, heute erhalten habe*), hat mir, so isolirt wie ich von allen meinen Freunden lebe, gleich als ob sie alle untergegangen wären, ganz unendliche Freude gemacht. Liebe, Verehrung und Treue wallten wieder so lebhaft in mir auf, wie in den gefühltesten Augenblicken meines Lebens. Es liegt eine unsägliche Lust für mich darin, mir Unrecht von Dir vergeben zu lassen; der Schmerz über mich wird ganz überwältigt von der Freude über Dich. Mit meinem körperlichen Zustand weiß ich nicht, ob es besser wird, oder ob das Gefühl desselben bloß vor der ungeheuern Erscheinung des Augenblicks zurücktritt. Ich fühle mich leichter und angenehmer, als sonst. Es scheint mir, als ob das allgemeine Unglück die Menschen erzöge, ich finde sie weiser und wärmer und ihre Ansicht von der Welt großherziger. Ich machte noch heute diese Bemerkung an Altenstein, diesem vortrefflichen Manne, vor dem sich meine Seele erst jetzt mit völliger Freiheit entwickeln kann. Ich habe ihn schon, da ich mich unpäßlich fühlte, bei mir gesehen;

---

*) Es stand darauf: ist gefangen genommen; zurückgeschickt. — Du mußt das Quartier bezeichnen Löb. Langg. 81.

wir können wie zwei Freunde mit einander reden. An unsere Königin kann ich gar nicht ohne Rührung denken. In diesem Kriege, den sie einen unglücklichen nennt, macht sie einen größeren Gewinn, als sie in einem ganzen Leben voll Frieden und Freuden gemacht haben würde. Man sieht sie einen wahrhaft königlichen Charakter entwickeln. Sie hat den ganzen großen Gegenstand, auf den es jetzt ankommt, umfaßt; sie, deren Seele noch vor Kurzem mit nichts beschäftigt schien, als wie sie beim Tanzen oder beim Reiten gefalle. Sie versammelt alle unsere großen Männer, die der K* vernachlässigt, und von denen uns doch nur allein Rettung kommen kann, um sich; ja sie ist es, die das, was noch nicht zusammengestürzt ist, hält. Von dem, was man sonst hier hoffen mag oder nicht, und was man für Anstalten trifft kann ich Dir, weil es verboten sein mag, nichts schreiben. Der Gen. Kalkreuth nimmt den Abschied. Der Gen. Rüchel, der dem Könige, daß er hergestellt sei, angekündigt und seine Dienste angeboten hat, hat seit acht Tagen noch keine Antwort erhalten. Auch Hardenberg, hör' ich, will dimittiren. Altenstein weiß noch nicht, ob er wieder in fremde Dienste gehen oder sich, mit einem kleinen Vermögen, in den Privatstand zurückziehen soll. Brause*) habe ich zu meiner größten Freude hier gesprochen. Pfuel hat er in Cüstrin noch gesprochen, von Rühle weiß er nichts, Leopold war nicht unter den

---

*) Später preuß. General.

Todten und Blessirten, die er mir nannte. Deine Nachrichten wären mir noch weit interessanter gewesen, wenn ich sie nicht so spät erhalten hätte. Versäume nicht, mir, sobald Du etwas von den Unsrigen erfährst, es mitzutheilen. Besonders lieb wäre es mir, wenn Du mir etwas von der Kleisten sagen könntest, die ich für todt halten muß, weil sie mir nicht schreibt. Nach Schorin komme ich, sobald es mir möglich sein wird. Vielleicht habe ich doch den besten Weg eingeschlagen, und es gelingt mir, Dir noch Freude zu machen. Das ist einer meiner größten Wünsche. Lebe wohl und grüße die Unsern.

H. v. Kleist.

36.

Ich muß Dich bitten, meine theuerste Ulrike, sogleich an die Kleisten zu schreiben. Ich schicke Briefe ohne Ende an sie ab und weiß nicht mehr, ob sie lebt oder todt ist. Die Kleisten besitzt 30 Louisd'or von mir, Pension von der K...*), für die verflossenen Monate April bis September. Hiervon hat sie zwar 10 Louisd'or, wie sie mir kurz vor dem Kriege schrieb, an Rühlen geliehen; doch diese 10 Louisd'or sind encassirt, oder es sind doch wenigstens 20 Louisd'or bei ihr in Cassa. Ich

---

*) Königin.

brauchte dies Geld bisher nicht, theils, weil ich im Frühjahr von ihr 20, vom December vorigen Jahres bis März gesammelte, Louisd'or erhielt, theils auch, weil ich noch einige Monate lang Diäten vom F. Departement zog. Nun aber setzt mich dieser Krieg, der uns auf eine so unglaubliche Art unglücklich überrascht, in große Verlegenheit. Nicht sowohl dadurch, daß nun vom October aus wahrscheinlich diese Pension ganz aufhören wird: denn ich hatte nicht so darauf gerechnet, daß sie zu meinem Fortkommen ganz unerläßlich gewesen wäre. Da sie mir ein Jahr lang durchgeholfen hat, so hat sie gewissermaßen ihre Wirkung gethan. Aber dadurch, daß der Postencours gestört ist, und ich weder dies Geld, noch auch Manuscripte, die ich nach Berlin geschickt hatte, oder ihren Werth erhalten kann. Ich bitte Dich also, der Kleisten zu sagen (wenn sie noch lebt! ich weiß nicht, was ich für eine unglückliche Ahndung habe), — daß sie mir dies Geld, durch Anweisung oder durch Wechsel, in die Hände schaffe. Wie wäre es, wenn sie es nach Schorin schickte? Oder nach Frankfurt? Sollte Stojentin nicht dort eine Zahlung haben? Könnte er nicht das Geld in Stolpe, oder in Danzig, zahlen? Oder in Faltenburg, da Boris**) aus Faltenburg hier sind, und sie vielleicht eine Anweisung von ihm, aus Gefälligkeit, respectiren würden? Oder giebt es irgend eine andere Art, mir dazu zu verhelfen, da die

---

**) Kleist's nahe Verwandte.

directe Ueberschickung auf der Post unmöglich ist? Interessire Dich ein wenig für diese Sache, mein liebstes Ulrikchen. Ich habe auf das Aeußerste angestanden, Dich damit zu beunruhigen, indem ich von Tage zu Tage auf Nachrichten von der Kleisten wartete; doch die Noth ist jetzt bringend, und dieser Schritt nicht mehr auszuweichen. Wenn ich inzwischen das Geld nicht in vier bis sechs Wochen spätestens erhalten kann, so ist es mir lieber, wenn es bleibt, wo es ist, indem ich mir alsdann schon hier durch den Buchhandel werde geholfen haben: obschon dies auch, bei seinem jetzigen Zustande, nicht anders, als mit Aufopferungen, geschehen kann. Mache Dir nur keine Sorgen, es wäre zu weitläufig, Dir auseinander zu setzen, warum Du ruhig sein darfst; ich versichere Dich, daß ohne diese zufälligen Umstände meine Lage gut wäre, und daß ich Dir, wenn der Krieg nicht gekommen wäre, in Kurzem Freude gemacht haben würde. Ich gebe es auch jetzt noch nicht auf und bin

Den 31. December.   Dein treuer Bruder Heinrich.

Schicke diesen ganzen Brief der Kleisten, damit sie doch einmal wieder etwas von meiner Hand sieht.

37.

Meine theuerste Ulrike.

Du wirst zwar schon durch Gleißenberg, oder auf welchem Wege es sei, mein Schicksal erfahren haben, ich muß es Dir aber doch selbst schreiben, damit Du mit Genauigkeit und Bestimmtheit davon unterrichtet wirst. Ich werde mit Gauvain und Ehrenberg[14]), auf Befehl des Generals Clarke, nach Joux in Frankreich (über Mainz, Straßburg und Besançon) transportirt, um daselbst bis zum Frieden aufbewahrt zu werden. Dir den Grund dieser gewaltsamen Maßregel anzugeben, bin ich nicht im Stande, auch scheint es, als ob uns nichts zur Last gelegt würde, als bloß der Umstand, daß wir von Königsberg kamen. Ich hatte mit einem Paß, den ich mir in Cösiln verschafft und in Damm und Stettin, wo ich zuerst französische Truppen fand, hatte visiren lassen, glücklich Berlin erreicht. Gauvain und ich waren voran gereist, Ehrenberg kam den andern Tag nach, unsere übrige Reisegesellschaft hatte sich von uns getrennt. Wir wollten auch hier unsere Pässe beim Gouvernement unterzeichnen lassen, hier aber machte man uns die sonderbarsten Schwierigkeiten, verhörte uns, verwarf unsere Dimission als falsch und erklärte uns endlich am dritten Tage, daß wir als Kriegsgefangene nach Frankreich transportirt werden würden. Vergebens be-

---

14) Beide waren Officiere.

riefen wir uns auf unsere Unschuld, und daß eine ganze Menge der angesehensten Männer unsere Aussage bekräftigen könnten; ohne uns anzuhören, wurden wir arretirt und am andern Morgen schon, durch Gensd'armerie, nach Wustermark abgeführt. Du kannst Dir unsern Schreck und unsere bösen Aussichten für die Zukunft denken, als wir hier, den gemeinsten Verbrechern gleich, in ein unterirdisches Gefängniß eingesperrt wurden, das wirklich nicht abscheulicher gefunden werden kann. Es gelang uns glücklich, am folgenden Tage einen der Gensd'armen, die uns begleiteten, von der Ungerechtigkeit, die uns betroffen, zu überzeugen; er mußte seiner Ordre gehorchen, versicherte aber, daß er uns von Station zu Station empfehlen würde, und wirklich werden wir auch jetzt an den meisten Orten, unter einer Bewachung vor dem Zimmer, einquartiert. Kann man sich aber etwas Uebereilteres, als diese Maßregel denken? Man vermißt ganz das gute Urtheil der Franzosen darin. Vielleicht giebt es nicht drei Menschen in der Welt, die ihnen gleichgültiger sein konnten, als wir, in jenem Augenblick. Die Reise geht, wie ich Dir schon gesagt habe, nach Joux, einem Schloß bei Pontarlier, auf der Straße von Neufchatel nach Paris. Was uns bevorsteht, ist wahrscheinlich in einem verschlossenen Briefe enthalten, der uns begleitet, und schwerlich etwas Besseres, als Staatsgefangenschaft. Ich hoffe immer noch von Tage zu Tage, daß die Versuche, die wir schriftlich beim Gen. Clarke gemacht haben, diesen überall als vortrefflich bekannten Mann von unserer Unschuld überzeugen werden. Wäre dies nicht, so würde ich mir ewig Vorwürfe machen, die Gelegenheiten, die sich mir täglich und stündlich zur Wiedererlangung meiner Freiheit anbieten, nicht benutzt zu haben. Ob mich gleich jetzt die Zukunft unruhig macht, so bin ich doch derjenige von meinen beiden Reisegefährten, der diese Gewaltthat am leichtesten verschmerzen kann; denn wenn nur dort meine Lage einigermaßen erträglich ist, so kann ich daselbst meine litterarischen Projecte eben so gut ausführen, als anderswo. Bekümmere Dich also meinetwegen nicht übermäßig, ich bin gesunder, als jemals, und das Leben ist noch reich genug, um zwei oder drei unbequeme Monate aufzuwiegen. Lebe wohl, grüße Alles, ich werde Dir bald wieder schreiben und Briefe von Dir in Joux erwarten.

Marburg, den 17. Februar 1807. H. v. Kleist.

38.

Chalons sur Marne, den 23. April 1807.

Meine theuerste Ulrike.

Wenn Du meinen Brief von ohngefähr dem 8. oder 10. Februar erhalten hast, so wirst Du wissen, was für eine sonderbare Veranlassung mich, als einen Staatsgefangenen, nach Frankreich gesprengt hat. Ich setze voraus, daß Dir dieser Brief richtig durch Schlotheim zugekommen ist, und so fahre ich fort, Dir von dem Verlauf meiner Schicksale Nachricht zu geben. Nachdem wir noch mehrere Male in die Gefängnisse geworfen worden waren und an Orten, wo dies nicht geschah, Schritte thun mußten, die fast eben so peinlich waren, als das Gefängniß, kamen wir endlich den 5. März im Fort de Joux an. Nichts kann öder sein, als der Anblick dieses, auf einem nackten Felsen liegenden Schlosses, das zu keinem andern Zweck, als zur Aufbewahrung der Gefangenen, noch unterhalten wird. Wir mußten aussteigen und zu Fuße hinaufgehen; das Wetter war entsetzlich, und der Sturm drohte, uns, auf diesem schmalen, eisbedeckten Wege, in den Abgrund hinunter zu wehen. Im Elsaß und auf der Straße weiter hin gieng der Frühling schon auf, wir hatten in Besançon schon Rosen gesehen; doch hier, auf diesem Schlosse, an dem nördlichen Abhang des Jura, lag noch drei Fuß hoher Schnee. Man fieng damit an, meinen beiden Reisegefährten alles Geld abzunehmen, wobei man mich als Dollmetscher gebrauchte; mir konnte man keins abnehmen, denn ich hatte nichts. Hierauf versicherte man uns, daß wir es recht gut haben würden, und fieng damit an, uns, jeden abgesondert, in ein Gewölbe zu führen, das zum Theil in den Felsen gehauen, zum Theil von großen Quadersteinen aufgeführt, ohne Licht und ohne Luft war. Nichts geht über die Beredsamkeit der Franzosen. Gauvain kam in das Gefängniß zu sitzen, in

welchem Toussaint Louverture gestorben war; unsere
Fenster waren mit dreifachen Gittern versehen, und wie
viele Thüren hinter uns verschlossen wurden, das weiß
ich gar nicht; und doch hießen diese Behältnisse anstän-
dige und erträgliche Wohnungen. Wenn man uns Essen
brachte, war ein Officier dabei gegenwärtig, kaum daß
man uns, aus Furcht vor staatsgefährlichen Anschlägen,
Messer und Gabeln zugestand. Das Sonderbarste war,
daß man uns in dieser hülflosen Lage nichts aussetzte;
aber da man nicht wußte, ob wir Staatsgefangene oder
Kriegsgefangene waren (ein Umstand, den unsere Ordre
zweifelhaft gelassen hatte): auf welchem Fuß sollte man
uns bezahlen? Der Franzose stirbt eher und läßt die
ganze Welt umkommen, ehe er gegen seine Gesetze ver-
fährt. Diese Lage war inzwischen zu qualvoll, als daß
sie meine beiden Gefährten, die von Natur krankhaft
sind, lange hätten aushalten können. Sie verlangten
Aerzte, ich schrieb an den Commandanten, und dieser,
der ein edelmüthiger Mann schien und das Mißverständniß, das bei dieser Sache obwalten mußte, schon
voraussah, verwandte sich bei dem Gouverneur in Besançon, worauf man uns andere Behältnisse anwies, die
wenigstens den Namen der Wohnungen verdienen konnten. Jetzt konnten wir, auf unser Ehrenwort, auf den
Wällen spazieren gehen; das Wetter war schön, die Gegend umher romantisch, und da meine Freunde mir für
den Augenblick aus der Noth halfen, und mein Zimmer
mir Bequemlichkeiten genug zum Arbeiten anbot, so war

ich auch schon wieder vergnügt und über meine Lage
ziemlich getröstet. Inzwischen hatten wir, gleich bei unserer Ankunft, unsere Memoriale an den Kriegsminister
eingereicht und die Abschriften davon an den Prinzen
August geschickt. Da unsere Arretirung in Berlin in
der That ein bloßes Mißverständniß war, und uns,
wegen unsers Betragens, gar kein bestimmter Vorwurf
gemacht werden konnte, so befahl der Kriegsminister, daß
wir aus dem Fort entlassen und, den andern Kriegsgefangenen gleich, nach Chalons sur Marne geschickt werden sollten. Hier sitzen wir nun, mit völliger Freiheit
zwar, auf unser Ehrenwort, doch Du kannst denken, in
welcher Lage, bei so ungeheuern Kosten, die uns alle
diese Reisen verursacht haben, und bei der hartnäckigen
Verweigerung des Soldes, den die andern Kriegsgefangenen ziehen. Ich habe von neuem an den Kriegsminister und an den Prinzen August geschrieben, und
da es ganz unerhört ist, einen Bürger, der die Waffen
im Felde nicht getragen hat, zum Kriegsgefangenen zu
machen, so hoffe ich auf meine Befreiung, oder wenigstens auf gänzliche Gleichschätzung mit den übrigen Offi-
cieren. Daß übrigens alle diese Uebel mich wenig angreifen, kannst Du von einem Herzen hoffen, das mit
größeren und mit den größesten auf das innigste vertraut ist. Schreibe mir nur, wie es Dir und den
Schorinschen geht, denn dies ist der eigentliche Zweck
dieses Briefes, da die Kriegsunruhen, die sich bald nach
meiner Entfernung aus Pommern dahin zogen, mich

mit der lebhaftesten Sorge für Euch erfüllt haben. Lebe wohl und grüße Alles; sobald sich mein Schicksal ändert, schreib' ich Dir wieder, wenn ich nur Deine Adresse weiß. Dein   Heinrich v. Kleist.

39.

Abschrift (von Ulrikens Hand).

Wie frohlocke ich, meine theure Ulrike, wenn ich Alles denke, was Du mir bist, und welch eine Freundin mir der Himmel an Dir geschenkt hat! Ich höre, daß Du Dich in Berlin aufhältst, um bei dem Gen. Clarke meine Befreiung zu betreiben. Von Tage zu Tage habe ich auf die Erfüllung des Versprechens gewartet, das er Dir und der Kl. darüber gegeben haben soll, und angestanden, Dir zu schreiben, um Dich nicht zu neuen, allzu frühzeitigen Vorstellungen zu verleiten. Man hätte Dir die Antwort geben können, daß der Befehl darüber noch nicht an den hiesigen Commandanten angekommen wäre: jetzt, nach einer fast vierwöchentlichen vergeblichen Erwartung, scheint es mir wahrscheinlich, daß gar keiner ausgefertigt worden ist, und daß man Dich, mein vortreffliches Mädchen, bloß mit Vorspiegelungen abgefertigt hat. Ich weiß sogar aus einer sichern Quelle, daß der hiesige Commandant wegen meiner Instructionen hat, die mit dem guten Willen, mich los zu lassen, nicht in der besten Verbindung stehen. Inzwischen ist meine Lage hier, unter Menschen, die von Schmach und Elend niedergedrückt sind, wie Du Dir leicht denken kannst, die widerwärtigste; ob ein Frieden überhaupt sein wird, wissen die Götter; und ich sehne mich in mein Vaterland zurück. Es wäre vielleicht noch ein neuer Versuch bei dem Gen. Clarke zu machen. Vielleicht, daß er immer noch geglaubt hat, etwas heraus zu bringen, wo nichts heraus zu bringen ist, daß er mit diesem Verfahren hat Zeit gewinnen wollen und sich jetzt endlich von der Nutzlosigkeit meiner Gefangenschaft überzeugt hat. Wie gern möchte ich Dir, zu so vielem Andern, auch noch die Befreiung daraus verdanken! Wie willkommen ist mir der Wechsel gewesen, den Du mir durch Schlotheim überschickt hast! Es wird Dir unerhört scheinen, wenn ich Dich versichere, daß ich während der ganzen zwei ersten Monate meiner Gefangenschaft keinen Sol erhalten habe, daß ich von einem Ort zum andern verwiesen worden bin, daß mir auch noch jetzt alle Reclamationen nichts halfen, und kurz, daß ich darum förmlich betrogen worden bin. Der allgemeine Grund war immer der, daß man nicht wüßte, ob man mich als Staatsgefangenen oder Kriegsgefangenen behandeln sollte; und ob ich während dieses Streits verhungerte, oder nicht, war einerlei. Jetzt endlich hat es der hiesige Commandant durchgesetzt, daß ich das gewöhnliche Tractament der kriegsgefangenen Officiere von 37 Franken monatlich erhalte. Dies und Dein Wechsel schützt mich vor der Hand vor Noth; und wenn jetzt nur bald ein Befehl zu meiner Befreiung anfäme, so würde ich mit den Indemnitäten, die die reisenden Officiere erhalten, meine Rückreise noch bestreiten können. Zwar wenn der Friede nicht bald eintritt, so weiß ich kaum, was ich dort soll. Glück kann unter diesen Umständen Niemandem blühen, doch mir am wenigsten. Rühle hat ein Manuscript, das mir unter andern Verhältnissen das Dreifache werth gewesen wäre, für 24 Louisd'or verkaufen müssen*). Ich habe deren noch in diesem Augenblick zwei fertig; doch sie sind die Arbeit eines Jahres, von deren Einkommen ich zwei Jahre leben sollen und nun kaum ein halbes bestreiten kann. Inzwischen bleibt es immer das Vortheilhafteste für mich, zurück zu kehren und mich irgendwo in der Nähe des Buchhandels aufzuhalten, wo er am wenigsten danieberliegt. — Doch genug jetzt von mir. Es ist widerwärtig, unter Verhältnissen, wie die bestehenden sind, von seiner eigenen Noth zu reden. Menschen von unserer Art sollten immer nur die Welt denken. Was sind dies für Zeiten! Und das Heilloseste daran ist, daß man nicht einmal davon reden darf. — Schreibe mir bald, daß ich nach Berlin zurückkehren kann. ...**) und die Kleisten sind jetzt nicht mehr da, meine ganze Hoffnung beruht auf Dir. Adieu.

Chalons sur Marne, den 8. Mai 1807.

Heinrich v. Kleist.

*) Das Manuscript des „Amphitryon."
**) Der Name ist ganz unleserlich geschrieben.

40.

Endlich, meine vortreffliche Ulrike, ist, wahrscheinlich auf Deine wiederholte Verwendung, der Befehl vom Gen. Clarke zu meiner Loslassung angekommen. Ich küsse Dir die Stirn und die Hand. Der Befehl lautet, daß ich, auf Ehrenwort, eine vorgeschriebene Straße befolgen und mich in Berlin beim Gen. Clarke melden soll, der mich sprechen will. So mancherlei Gedanken mir dies auch erregt, so würde ich doch sogleich meine Reise antreten, wenn ich nicht unpäßlich wäre; wenn man nicht die Unedelmüthigkeit hätte, mir die Diäten zu verweigern, die ich mir jedoch noch auszuwirken hoffe; und wenn ich nicht einen Wechsel vom Buchhändler Arnold aus Dresden erwarten müßte, für ein Manuscript, das Rühle daselbst verkauft hat, und von dem er mir geschrieben hat, daß er um diese Zeit abgehen würde. Alle diese Gründe sind Schuld daran, daß sich meine Abreise vielleicht noch vierzehn Tage oder drei Wochen verspäten wird; doch da sich der Frieden jetzt abschließt, und nach dem Abschluß auch die Auswechselung der Gefangenen sogleich vor sich gehen muß, so ergiebt sich vielleicht alsdann eine so viel wohlfeilere Gelegenheit, abzureisen, wenngleich der Aufenthalt bis dahin hier so viel kostspieliger wird, da ich keinen Sold mehr beziehe.

Die Absicht dieses Briefes ist, Dir, nach der Mittheilung dieser Nachricht, einen Vorschlag zu machen.

Die Kl. hat mich versichert, daß die Pension von der R.[14]) nach dem Abschluß des Friedens wieder ihren Fortgang nehmen würde. Da jedoch hierin wenig Sicherheit liegt: denn wer steht uns für einen neuen Krieg? so ist der Plan, diese Pension bei der nächsten Gelegenheit in eine Präbende zu verwandeln; und hierin läge denn schon mehr Sicherheit. Wir wollen einmal annehmen, daß uns das Glück auf diese Art günstig wäre; daß ich vor der Hand die Pension und in einiger Zeit, statt ihrer, die Präbende erhielte: was ließe sich wohl damit anfangen?

Ich versichere Dich, meine theuerste Ulrike, daß mir Deine Lage und das Schmerzhafte, das darin liegen mag, so gegenwärtig ist, als Dir selbst. Ich weiß zwar, daß Du Dich in jedem Verhältniß, auch in dem abhängigsten, würdig betragen würdest; doch die Forderungen, die Dein innerstes Gefühl an Dich macht, kannst Du nicht erfüllen, so lange Du nicht frei bist. Ich selbst kann in keiner Lage glücklich sein, so lange ich es Dich nicht, in der Deinigen, weiß. Ohne mich würdest Du unabhängig sein; und so mußt Du (ich fühle die Verpflichtung auf mir, was Du auch dagegen einwenden mögest), Du mußt es auch wieder durch mich werden. Wenn ich mit Aeußerungen dieser Art immer sparsam gewesen bin, so hatte das einen doppelten Grund: einmal, weil es mir zukam, zu glauben, daß Du solche

---

[14]) Vergl. Anmerk. 53.

Gefühle bei mir voraussetztest, und dann, weil ich dem Uebel nicht abhelfen konnte.

Doch jetzt, dünkt mich, zeigt sich ein Mittel, ihm abzuhelfen; und wenn Du nicht willst, daß ich mich schämen soll, unaufhörlich von Dir angenommen zu haben, so mußt Du auch jetzt etwas von mir annehmen. Ich will Dir die Pension und das, was in der Folge an ihre Stelle treten könnte, es sei nun eine Präbende, oder etwas Anderes, abtreten. Es muß mit dem Rest Deines Vermögens für ein Mädchen, wie Du bist, hinreichen, einen kleinen Haushalt zu bestreiten. Laß Dich damit, unabhängig von mir, nieder; wo? gleichviel; ich weiß doch, daß wir uns über den Ort vereinigen werden. Ich will mich mit dem, was ich mir durch meine Kunst erwerbe, bei Dir in die Kost geben. Ich kann Dir darüber keine Berechnung anstellen; ich versichere Dich aber, und Du wirst die Erfahrung machen, daß es mich, wenn nur erst der Frieden hergestellt ist, völlig ernährt. Willst Du auf diese Versicherung hin nichts thun, so lebe die erste Zeit noch bei Schönfeldt, oder in Frankfurt, oder wo Du willst; doch wenn Du siehst, daß es damit seine Richtigkeit hat, alsdann, mein liebstes Mädchen, versuche es noch einmal mit mir. Du liesest den Rousseau noch einmal durch und den Helvetius, oder suchst Flecken und Städte auf Landkarten auf; und ich schreibe. Vielleicht erfährst Du noch einmal in einer schönen Stunde, was Du eigentlich auf der Welt sollst. Wir werden glücklich sein! Das Gefühl, mit einander zu leben, muß Dir ein Bedürfniß sein, wie mir. Denn ich fühle, daß Du mir die Freundin bist, Du Einzige auf der Welt! Vergleiche mich nicht mit dem, was ich Dir in Königsberg war. Das Unglück macht mich heftig, wild und ungerecht; doch nichts Sanfteres und Liebenswürdigeres, als Dein Bruder, wenn er vergnügt ist. Und vergnügt werde ich sein und bin es schon, da ich den ersten Forderungen, die meine Vernunft an mich macht, nachkommen kann. Denke über Alles dies nach, meine theuerste Ulrike; in Berlin, wo ich Dich noch zu finden hoffe, wollen wir weitläufiger mit einander darüber reden. In drei Wochen spätestens muß ich hier abgehen können; und in der fünften bin ich dann in Deinen Armen. Adieu; grüße Gleißenberg.

Dein Heinrich.

Chalons, den 14. Juli.

N. S. Ich muß Dir sagen, meine theuerste Ulrike, daß ich mich anders entschlossen habe. Man hat mir die Reise-Entschädigung bewilligt; und da ich mir den Wechsel von Rühlen, gesetzt er wäre schon von Dresden abgegangen, nach Berlin nachschicken lassen, und dort immer Handlungshäuser sein müssen, die hier Forderungen haben, und bei denen er folglich geltend gemacht werden kann: so will ich mich, auf jene Ungewißheit hin, nicht länger aufhalten, sondern sogleich abgehen. Ich habe Rühlen geschrieben, daß wenn der Wechsel noch nicht abgegangen ist, er jetzt zu Dir nach

Berlin geschickt werden soll. Thue mir doch den Gefallen und wiederhole schriftlich diese Bestimmung an ihn, wenn Du irgend seine Wohnung in Dresden genau erfahren kannst; denn da ich zwischen zwei unglücklichen Hausnummern immer geschwankt habe, so fürchte ich noch obenein, daß ihn mein Brief verfehlt. Auch einliegenden Brief an die Kleisten bitte ich mit der Adresse zu versehen, weil ich lange nichts von ihr gesehen habe und nicht weiß, ob sie noch in Leuthen ist. In drei, spätestens vier Tagen gehe ich hier, und wenn ich es irgend möglich machen kann, mit dem Courier ab, reise Tag und Nacht und bin in vierzehn, höchstens sechzehn Tagen bei Dir. Adieu. Ich drücke Dich im Voraus schon an meine Brust. Grüße Gl. und Alles, was mir ein wenig gut ist.

H. K.

41.

Ich habe versucht, meine theuerste Ulrike, Dir zu schreiben; doch meine Lage ist so reich, und mein Herz so voll des Wunsches, sich Dir ganz mitzutheilen, daß ich nicht weiß, wo ich anfangen und enden soll. Schreibe mir doch, ob ich nach Wormlage**) kommen darf, um

---

**) Ein Gut in der Lausitz, wo die Familie von Schönfeldt wohnte.

Dich zu sprechen? Oder ob wir uns nicht, auf halbem Wege irgendwo ein Rendezvous geben können? Ich sollte denken, dies letztere müßte möglich sein. Ich will Dich zu bewegen suchen, zu einer Buch-, Karten- und Kunsthandlung, wozu das Privilegium erkauft werden muß, 500 Rthlr. zu 5 prCt. auf ein Jahr herzugeben. Adam Müller (ein junger Gelehrter, der hier im Winter, mit ausgezeichnetem Beifall, öffentliche Vorlesungen hält), Rühle und Pfuel (dem sein Bruder das Geld dazu hergiebt) sind die Interessenten. Dir alle Gründe darzuthun, aus welchen die Zweckmäßigkeit und Nützlichkeit dieser Unternehmung hervorgeht, ist schriftlich unmöglich. Rühle, der mit dem Prinzen jetzt hier ist, und der Pfuelen, durch den Unterricht, den dieser dem Prinzen giebt, eine Pension von 600 Rthlr. verschafft hat, ist von einer practischen Geschicklichkeit, alles um sich herum geltend zu machen, die bewunderungswürdig und selten ist. Der Herzog würde ihm sehr gern, nach Verlauf der Erziehungsperiode, einen Posten in seinem Lande geben; doch da sein unerläßliches Bedürfniß ist, frei zu sein, so will er Alles an dieses Jahr setzen, um es für die übrige Lebenszeit zu werden. Er ist es daher auch eigentlich, der an die Spitze des ganzen Geschäfts treten wird; ein Umstand, der, dünkt mich, nicht wenig für die Sicherheit seines Erfolges spricht. Er sowohl, als ich, haben jeder ein Werk drucken lassen, das unsern Buchhändlern sechsmal so viel eingebracht hat, als uns. Vier neue Werke liegen fast zum Druck bereit; sollen wir auch hiervon den Gewinn Andern überlassen, wenn es nichts als die Hand danach auszustrecken kostet, um ihn zu ergreifen? Die 1200 Rthlr., die das Privilegium kostet, können nie verloren gehen; denn mißglückt die Unternehmung, so wird es wieder verkauft; und die Zeiten müßten völlig eisern sein, wenn es nicht, auch im schlimmsten Fall, einen größern Werth haben sollte, als jetzt. Die ganze Idee ist, klein und nach liberalen Grundsätzen anzufangen und das Glück zu prüfen; aber, nach dem Vorbild der Fugger und Medicis, Alles hinein zu werfen, was man auftreiben kann, wenn sich das Glück deutlich erklärt. Erwäge also die Sache, mein theuerstes Mädchen, und wenn Du Dich einigermaßen in diesen Plan, der noch eine weit höhere Tendenz hat, als die merkantilische, hineindenken kannst, so sei mir zu seiner Ausführung behülflich. Ich kann Dir, wie schon erwähnt, nicht Alles sagen, was ich auf dem Herzen habe, Du müßtest selbst hier sein und die Stellung, die wir hier einnehmen, kennen, um beurtheilen zu können, wie günstig sie einer solchen Unternehmung ist. Fast möchte ich Dich dazu einladen! Ich würde Dich in die vortrefflichsten Häuser führen können, bei Haza's, bei Baron Buol (kaiserl. österr. Gesandten), beim App. Rath Körner u. s. w., Häuser, in deren jedem ich fast, wie bei der Kl. in Potsdam, bin. Zwei meiner Lustspiele, das eine gedruckt, das andere im Manuscript⁶⁰), sind schon

---

⁶⁰) „Der Amphitryon" und „der zerbrochene Krug."

mehrere Male in öffentlichen Gesellschaften, und immer mit wiederholtem Beifall, vorgelesen worden. Jetzt wird der Gesandte sogar, auf einem hiesigen Liebhaber-Theater, eine Aufführung veranstalten, und Fitt*) (den Du kennst) die Hauptrolle übernehmen. Auch in Weimar läßt Göthe das eine aufführen. Kurz, es geht Alles gut*), meine liebste Ulrike, ich wünsche bloß, daß Du hier wärest und es mit eigenen Augen sehen könntest. Schreibe mir, auf welche Art wir es machen, daß wir uns auf einen Tag sprechen, und sei versichert, daß ich ewig Dein treuer Bruder bin.

Dresden, den 17. September 1807.   H. v. Kl.

42.

Ich setze mich nur auf ein paar Augenblicke hin, meine theuerste Ulrike, um Dich zu fragen, ob Du nicht meinen Brief erhalten hast, den ich schon vor drei Wochen von hier abgesendet habe? In diesem Briefe ließ ich mich weitläufig über meine Lage, über die Zu-

---

*) Vermuthlich ist der General Bieth gemeint.

*) Kürzlich war ich mit dem österr. Gesandten in Töplitz bei Genz, wo ich eine Menge großer Bekanntschaften machte. — Was würdest Du wohl sagen, wenn ich eine Directions-Stelle beim Wiener Theater bekäme? — Grüße Alles in Wormlage.

kunft, und ein Project aus; Dinge, deren keines ich berühren kann, ohne mich auf bogenlanges Schreiben gefaßt zu machen. Ich weiß zwar, daß Briefe von hier in die Lausitz sehr langsam gehen, Lamprecht, den ich hier gesprochen habe, ist einer neunzehn Tage unterweges gewesen; doch sollte überhaupt vielleicht die Adresse bei **Alt-Döbern** falsch sein? Und doch weiß ich keine andere zu setzen. — Antworte mir sobald wie möglich hierauf. Denn, wie gesagt, wenn Du diesen Brief nicht erhalten hast, so muß ich ihn noch einmal schreiben; und Du weißt, wie ungern ich an solche weitläufige Erörterungen gehe. — Ich wollte, Du wärest hier, um Dich mit mir zu freuen und Alles mit eigenen Augen selbst zu sehen. **Schriftlich** kann ich Dir kaum etwas Anderes sagen, als nur im Allgemeinen, daß es mir gut geht. Es erfüllt sich mir Alles, ohne Ausnahme, worauf ich gehofft habe; — gieb mir nur erst, wie gesagt, Nachricht von Dir, so sollst Du mehr hören. Es wäre sonderbar, wenn grade der erste Brief, der Dir Freude zu machen bestimmt war, hätte verloren gehen müssen. Grüße Alles, lebe wohl und schreibe bald

Deinem treuen Bruder
Hr. Kleist.

Dresden, den 3. October 1807.
Pirn'sche Vorstadt, Rammsche Gasse Nr. 123.

43.

Deine Unlust am Schreiben, meine theuerste Ulrike, theile ich nicht mehr mit Dir, seitdem es mir vergönnt ist, Dich mit frohen Dingen unterhalten zu können. Es geht mir in jedem Sinne so, wie ich es wünsche, und in dem Maaße, als der Erfolg jetzt meine Schritte rechtfertigt, geht mir ein ganzer Stoff zu einer, die Vergangenheit erklärenden, Correspondenz auf, mit der ich Dir noch verschuldet bin. Ich wußte wohl, daß Du mir in einem Falle, wo es in der That darauf ankommt, mir ein Vermögen zu verschaffen, nach so vielen Aufopferungen, die letzte nicht verweigern würdest, die ihre ganze schöne Reihe schließt. Wenn es möglich gewesen wäre, rascher zu sein, so hätten wir schon, bei der gegenwärtigen Leipziger Messe, in den Buchhandel eintreten können; doch so hat diese Verzögerung andere nach sich gezogen, so daß wir uns jetzt nicht eher, als bei der nächstfolgenden, werden darin zeigen können. Inzwischen hat dieser Aufschub doch auch sein Gutes gehabt. Denn statt des Privilegii, das nun verkauft ist, hat uns der Hr. von Carlowitz, einer der reichsten Particuliers des Landes, ein unentgeltliches Privilegium in seiner Immediatstadt Liebstadt angeboten; ein ganz vortrefflicher Umstand, da wir dadurch das Recht bekommen, hier in Dresden ein Waarenlager zu halten, und somit aller Vortheile eines städtischen Privilegii

theilhaftig werden. Ferner ist während dessen, durch
den hiesigen französischen Gesandten, der sich schon während meiner Gefangenschaft für mich interessirt hatte,
und dessen nähere Bekanntschaft mir nun geworden ist,
an Clarke in Paris geschrieben worden — — —*);
wodurch, wie Du leicht denken kannst, die Assiette des
ganzen Instituts mit einem Male gegründet wäre. Du
wirst nicht voreilig sein, politische Folgerungen aus diesem
Schritte zu ziehen, über dessen eigentliche Bedeutung ich
mich hier nicht weitläufiger auslassen kann. — Was
nun, zur Antwort auf Deinen Brief, den Termin an-
betrifft, an welchem ich das Geld erhalten müßte, so kann
ich Dir diesen jetzt genau nicht sagen, indem sich, wie
gesagt, das Geschäft ein wenig in die Länge gezogen hat;
inzwischen würdest Du es doch zu Neujahr in Bereit-
schaft halten müssen, da von diesem Zeitpunct an für
die kommende Messe vorgearbeitet werden muß. Uebrigens muß es Conventionsgeld sein, d. h. der Werth
davon, gleichviel in welcher Münzart, wenn nur nicht
preußisch. Wenn es uns mit . . . .**) glücken sollte
(ich bitte Dich, nichts von dieser Sache zu sagen), so
würde es vielleicht nöthig sein, so schnell und so viel
Geld herbei zu schaffen, daß ich noch nicht recht weiß,
wie wir uns aus dieser Verlegenheit ziehen werden.
2000 Rthlr. haben wir in Allem zusammen; doch Du

---

*) Hier sind vier Zeilen mit großer Sorgfalt ausgestrichen, wie
es scheint, mit anderer Dinte, als mit der der Brief geschrieben ist.

**) Wieder einige Worte sorgfältig ausgestrichen.

kannst leicht denken, daß eine solche Unternehmung mehr
erfordert, als dies. Ich nehme hier Gelegenheit, zu
einem andern Gegenstand überzugehen. Mein Auskommen
wird mir in der Folge, wenn Alles gut geht, aus einer
doppelten Quelle zufließen; einmal aus der Schriftstellerei, und dann aus der Buchhandlung. Da ich die
Manuscripte, die ich jetzt fertig habe, zum eigenen Verlag aufbewahre, so ernähre ich mich jetzt bloß durch
fragmentarisches Einrücken derselben in Zeitschriften und
Verkauf zum Aufführen an ausländische Bühnen; und
doch hat mir dies schon nahe an 300 Rthlr. eingebracht
(der österr. Gesandte hat mir 30 Louisd'or von der
Wiener Bühne verschafft), woraus Du leicht schließen
kannst, daß die Schriftstellerei allein schon hinreicht, mich
zu erhalten. Wie wär's also, mein theuerstes Mädchen,
wenn Du, statt meiner, als Actionair in den Buchhandel trätest, der von jener Schriftstellerei ganz abgesondert ist? Du hast immer gewünscht, Dein Vermögen
in einer Unternehmung geltend zu machen; und eine
günstigere Gelegenheit ist kaum möglich, da der Vortheil,
nach einem mäßigen mittlern Durchschnitt, 22 prCt. ist.
Ich verlange gar nicht, daß Du Dich hierüber kategorisch
erklärst, Du mußt nothwendig selbst hier sein, um Dich
von dem innern Zusammenhang der Sache und der
Solidität derselben zu überzeugen. Es kommt gar nicht
darauf an, Dich gleich mit Deinem ganzen Vermögen
hinein zu werfen, sondern nur mit einer etwas größern
Summe, als jene 500 Rthlr., und den Augenblick, wo

das Uebrige zu wagen wäre, von der Zeit zu erwarten.
Allerdings müßtest Du, in diesem Falle, jene Erklärung,
die Du mir auf unserer Reise von Gulben nach Wormlage gemacht hast, zurücknehmen und Dich entschließen
können, mit mir zusammen zu leben. Und dies würde
doch nicht schlechterdings unmöglich sein? Wenn Du vor
der Hand auf dies Alles noch nicht eingehen willst, so
bleibt es beim Alten, d. h. bei der Verzinsung und Zu-
rückzahlung des Capitals. Ich sagte es nur, weil ich
wünsche, Dir einen Vortheil verschaffen zu können, und
weil eine Art von Ungerechtigkeit darin liegt, Dir das
Geld zu 5 prCt. zu verinteressiren, während es mir
viermal so viel abwirft. Nichts ist mir unangenehmer,
als daß Du ganz abgesondert bist von der litterarischen
Welt, in dem Augenblick, da Dein Bruder zum zweiten-
mal darin auftritt. Ich wüßte nicht, was ich darum
gäbe, wenn Du hier wärest. Eben jetzt wird in der
Behausung des östrr. Gesandten, der selbst mitspielt,
ein Stück von mir, das noch ein Manuscript ist, gegeben, und Du kannst wohl denken, daß es in den Gesellschaften, die der Proben wegen zusammenkommen, Momente giebt, die ich Dir, meine theuerste Ulrike, gönne;
warum? läßt sich besser fühlen, als angeben. Auch bist
Du schon völlig in diesen Gesellschaften eingeführt, und
es braucht nichts, als Deine Erscheinung, um wie unter
Bekannten darin zu leben. Leopold und Gustel stehen
in Deinem Briefe auf eine sonderbare Art neben einander. Man könnte ihnen beiden gratuliren, — auch

beide bedauern; doch dies ist zu hamletisch für diesen Augenblick: ich küsse sie und schweige. Adieu, lebe wohl, meine liebste Ulrike, grüße Alles und antworte mir bald. Wer hat denn die Hemden gemacht?

Dresden, den 25. October 1807. Hr. Kleist.

N. S. Den 10. October bin ich bei dem österr. Gesandten an der Tafel mit einem Lorbeer gekrönt worden; und das von zwei nieblichsten kleinen Händen, die in Dresden sind. Den Kranz habe ich noch bei mir. In solchen Augenblicken denke ich immer an Dich. Adieu, Adieu, Adieu! — Du wirst mich wieder lieb bekommen.

Die Quittungen erfolgen hierbei. Aber mit denen vom Januar und Februar 1806 hat es nicht seine Richtigkeit. Wann hörten denn die Vorschüsse auf?

44.

Ich habe gewagt, meine theuerste Ulrike, auf die 500 Rthlr., die Du mir versprachst, zu rechnen, und in der Hoffnung, daß sie mit Weihnachten eingehen werden, den Verlag eines Kunstjournals, Phöbus, mit Adam Müller anzufangen. Die Verlagskosten, für den ganzen Jahrgang, betragen 2500 Rthlr., wozu Rühle 700 und Pfuel 900 Rthlr. hergeben, macht mit meinen 500 Rthlrn.

in Allem 2100 Rthlr., der Rest kann von dem, was monatlich eingeht, schon bestritten werden. Es ist noch nie eine Buchhandlung unter so günstigen Aussichten eröffnet worden; eben weil wir die Manuscripte selbst verfertigen, die wir drucken und verlegen. Rühle's Buch über den Feldzug hat die zweite Auflage erlebt; er bekommt zum zweitenmale von Cotta 300 Thlr. Und hätte er es selbst verlegt, so wären 2000 Rthlr. das Mindeste, was es ihm eingebracht hätte. Das erste Heft des Phöbus wird Ende Januars erscheinen; Wieland auch (der alte) und Johannes Müller, vielleicht auch Göthe, werden Beiträge liefern. Sobald die Anzeigen gedruckt sind, werde ich Dir eine schicken. Ich wünsche nichts, als daß Du hier wärest, um Dich von dem innersten Wesen der Sache besser überzeugen zu können. Ich bin im Besitz dreier völlig fertigen Manuscripte, deren jedes mir denselben Gewinn verschaffen würde, den wir von dem Journal erwarten, und das ich nur bloß nicht drucken lassen kann, weil mir das Geld dazu fehlt. Inzwischen denken wir doch, daß wir zu Ostern schon so viel zusammengebracht haben, um eines davon: Penthesilea, ein Trauerspiel, zu verlegen. Wenn Du Dich entschließen könntest, hierher zu ziehen, so wären folgende Sachen gewiß: 1. ich würde Dir im ersten Jahre nichts kosten; 2. im zweiten würd' ich Dich unterstützen können; 3. Du würdest mit eigenen Augen sehen können, ob die Sache glückt, oder nicht; 4. Du würdest Dich, wenn sie glückt, mit Deinem ganzen Vermögen hineinwerfen können;

5. dadurch würde die Sache, die sich vielleicht sonst nur langsam entwickelt, ganz schnell reifen; und 6. und letzteres, wir würden uns einander lieben können. Was willst Du gegen so viel Gründe einwenden? — Ueberlege Dir die Sache und schreibe mir. Ich muß schließen, ich bin wieder ein Geschäftsmann geworden, doch in einer angenehmeren Sphäre, als in Königsberg. — Was wäre doch wohl in Königsberg aus mir geworden? — Adieu, grüße Alles, was mir gut ist, vielleicht komme ich im Frühjahr auf ein paar Tage und sehe, was Ihr macht.

Dresden, den 17. December 1807. Dein Heinrich.

45.

Dresden, den 5. Januar 1808.

Es sind nun schon wieder nahe an drei Monate, meine theuerste Ulrike, daß ich keine Zeile von Deiner Hand gesehen habe. Dieses Wormlage liegt in einem solchen Winkel der Erde, daß die Post es gar nicht kennt, und der Eine sagt, die Briefe giengen über Berlin, der Andre, über Cottbus. Ich schicke Dir also diesen Boten, als eine Art von Execution, die nicht eher von Dir gehe, als bis Du Dich zu einer Antwort entschlossen hast. Setze Dich sogleich hin, mein liebstes Mädchen,

und schreibe mir, warum das Geld, das Du mir zu
Weihnachten versprechen hast, ausgeblieben ist? Jeder
Grund ist zu verschmerzen, nur nicht der, daß Du mir
böse bist. Wenn Du es nicht auftreiben kannst, was sehr
wohl möglich ist, so muß ich dies wenigstens wissen,
damit irgend ein anderer Rath geschafft werden kann.
Denn unsere litterarische Unternehmung, die den besten
Fortgang verspricht, ist in vollem Laufe; Dresden allein
bringt funfzig Subscribenten auf, woraus Du das Resultat des Ganzen berechnen magst, wenn Du auch nur
annimmst, daß von den übrigen Städten in Deutschland
jede 1 nimmt. Die Horen setzten 3000 Exemplare ab;
und schwerlich konnte man sich, bei ihrer Erscheinung,
lebhafter dafür interessiren, als für den Phöbus. Durch
alle drei Hauptgesandten dieser Residenz (den französischen, österreichischen und russischen, welcher letzterer sogar — Gr. Ranitow — Aufsätze hergiebt) circuliren
Subscriptionslisten, und wir werden das erste Heft auf
Velin durch sie an alle Fürsten Deutschlands senden.
Es kömmt Alles darauf an, daß wir die Unternehmung,
in den drei ersten Monaten, aus eigner Casse bestreiten
können, um nachher in jeder Rücksicht völlig gedeckt zu
sein. Schreibe mir also unverzüglich, ob Du mir mit
einem Verschuß zu Hülfe kommen kannst, oder nicht;
und wenn es bloß daran liegt, daß Du das Ganze,
was Du verspracht, nicht auftreiben kannst, so schicke
den Theil, den Du vorräthig hattest, und zwar gleich,
durch meinen Boten, welches ein zum Postamt gehöriger

Portechaisen-Träger und völlig sicher. Ich schicke Dir eine handvoll Anzeigen, damit Du auch, oder wer es sei, eine Subscription, wo sich eine Gelegenheit findet, veranlassen kannst. Julchen kann eine oder zwei an Martini nach Frankfurt schicken, wo ja auch Lesegesellschaften sein müssen. Adieu, grüße Alles und schreibe mir, was Du willst, nur nicht, daß Du mir nicht mehr so gut bist, als sonst. — Dein Heinrich.
(Pirnsche Vorstadt, Rammsche Gasse Nr. 123).

N. S. Der Bote ist bezahlt.

46.

Mein liebes Herzens-Mielchen, ich danke Dir. Du hast mich gerührt dadurch, daß Du mich um Verzeihung bittest, daß es nicht mehr sei. Es ist kein Zweifel, daß wir, was den Verlag des Phöbus betrifft, damit auskommen werden. Auf den 1. Januar 1809, wenn irgend die Sache gut geht, kriegst Du Dein Geld wieder. Hier in Dresden interessirt sich Alles, was uns kennt, für unsere Unternehmung. Stelle Dir vor, daß wir von der Regierung, als eine Gesellschaft von Gelehrten, höchst wahrscheinlich (die Sache ist so gut, als gewiß) eine kostenfreie Concession zum Buchhandel erhalten werden; die vier Buchhändler, die hier sind, treten allzu-

sammt dagegen auf, doch man ist fest entschlossen, die
Concurrenz zu vergrößern. Es kann uns, bei unsern
litterarischen und politischen Connexionen, gar nicht fehlen,
daß wir den ganzen Handel an uns reißen. Dazu giebt
noch obenein keiner von uns den Namen her, sondern die
Handlung wird heißen: Phönix-Buchhandlung. Ferner:
die Familie Hardenberg hat uns beauftragt, die gesammten Schriften des Novalis (Hardenberg-Novalis,
von dem Du mir nicht sagen wirst, daß Du ihn nicht
kennst) zu verlegen, und verlangt nichts, als die Veran-
staltung einer Prachtausgabe. Wenn die Sache klug,
auf dem Wege der Subscription, angefangen wird, so
kann dieser einzige Artikel (da so viel seiner Schriften
noch ungedruckt waren) unsern Buchhandel heraufbringen;
und wir wagen, im schlimmsten Fall, nicht das Aller-
mindeste dabei. Auch Göthe und Wieland haben geschrieben und werden an unserm Journal Antheil nehmen. Der zerbrochene Krug (ein Lustspiel von mir)
wird im Februar zu Weimar aufgeführt, wozu ich wahrscheinlich mit Rühle (der Major und Kammerherr geworden ist), wenn der Prinz dahingeht, mitreisen werde.
Kurz, Alles geht gut, und es fehlt nichts, als daß ich
noch ein Jahr älter bin, um Dich von einer Menge
von Dingen zu überzeugen, an denen Du noch zweifeln
magst. Aber sei nur nicht so karg mit Briefen! Was
mir verzeihlich war, zu seiner Zeit, ist es darum noch
Dir nicht; und wenn Du nicht antwortest, so denk' ich,
Du machst Dir nichts daraus, wenn ich Dir was

Gutes melde. Adieu, grüße Alles, auf's Frühjahr bin
ich gewiß bei Euch. — Bald ein Mehreres.

 Den 8. (Januar?).   H. Kleist.

47.

(Dieser Brief ist aus dem August 1809 datirt, er muß aber ein Jahr früher geschrieben sein).

Meine theuerste Ulrike.

Ich hätte Dich so gern diesen Sommer einmal gesehen, um Dir über manche Dinge Auskunft zu geben und abzufordern, die sich in Briefen nicht anders, als auf eine unvollkommene Art, abthun lassen. Doch mancherlei Ursachen, die gleichfalls zu weitläufig sind, um auseinander gesetzt zu werden, verhindern mich, bis noch auf diese Stunde, Dresden zu verlassen. Der Phöbus hat sich, trotz des gänzlich danieder liegenden Buchhandels, noch bis jetzt erhalten; doch was jetzt, wenn der Krieg ausbricht, daraus werden soll, weiß ich nicht. Es würde mir leicht sein, Dich zu überzeugen, wie gut meine Lage wäre, und wie hoffnungsreich die Aussichten, die sich mir in die Zukunft eröffnen: wenn diese verderbliche Zeit nicht den Erfolg aller ruhigen Bemühungen zerstörte. Gleichwohl ist die Bedingung, unter der ich hier lebe, noch erträglich, und ich fürchte sehr, daß es Euch Allen nicht besser geht. Ich habe jetzt wieder ein Stück, durch den hiesigen Maitre de plaisir, Grf. Bitzthum, an die sächsische Hauptbühne verkauft*), und denke dies, wenn mich der Krieg nicht stört, auch nach Wien zu thun; doch nach Berlin geht es nicht, weil dort nur Uebersetzungen kleiner französischer Stücke gegeben werden; und in Cassel ist gar das deutsche Theater ganz abgeschafft und ein französisches an die Stelle gesetzt worden. So wird es wohl, wenn Gott nicht hilft, überall werden. Wer weiß, ob Jemand noch, nach hundert Jahren, in dieser Gegend deutsch spricht. Ich bitte Dich, nicht böse zu werden, wenn ich Dir vor der Hand die Interessen der 500 Rthlr. nicht auszahlen kann, ich versichere Dich, daß es ganz unmöglich ist, indem die meisten Buchhändler bis auf Ostern 1809 unsere Schuldner sind. Die eigentliche Absicht dieses Briefes ist, bestimmt zu erfahren, wo Du bist, und Dich zu fragen, ob Du wohl einen reitenden Boten, den ich von hier aus nach Wormlage abfertigen würde, von dort aus weiter nach Fürstenwalde besorgen kannst? Man wünscht Jemanden, der in der Mark wohnt (es ist der G. P.), schnell von der Entbindung einer Dame, die in Töplitz ist, zu benachrichtigen. Schreibe mir nur bestimmt: ja, weiter brauch' ich nichts; ich überlasse es Dir, ob Du den Boten, den Du in Wormlage aufbringst, wegen der allzu großen Weite, erst nach Gulben schicken und dort einen neuen beitreiben

---

*) Wahrscheinlich „das Käthchen von Heilbronn."

laſſen, — oder jenen gleich nach Fürſtenwalde abgehen laſſen willſt. Schnelligkeit wird ſehr gewünſcht. Auch mir antworte sogleich auf dieſen Punct. Vielleicht komme ich in etwa drei Wochen ſelbſt zu Euch, ſehe, was Ihr macht, und berichtige meine, oder vielmehr die Schuld eines Freundes. — Lebe inzwiſchen wohl, ſchreibe mir, was unſere theuerſte Tante macht und die Uebrigen, und zweifle nie an der unauslöſchlichen Liebe Deines Bruders

H. v. K.

Dresden, den August 1809 (d. h. 1808).

48.

Abſchrift (von Ulrikens Hand).

Meine theuerſte Ulrike.

Ich hatte mir, in der That, ſchon einen Paß beſorgt, um nach Wormlage zu kommen, weil ich Dich in einer wichtigen Sache zu ſprechen wünſchte. Doch ein heftiges Zahngeſchwür hält mich noch davon ab. Da die Sache keinen Aufſchub leidet, ſo bitte ich Dich, Dich auf einen Wagen zu ſetzen und zu mir herzukommen. Ich weiß wohl, daß man keiner andern Schweſter ſo etwas zumuthen könnte; doch grade weil Du es biſt, ſo thue ich es. Der Ueberbringer iſt mein Bedienter,

in beſſen Begleitung Du ſo ſicher, wie in Abrahams
Schooß, reiſen kannſt. Auch kannſt Du, wenn Du vor-
lieb nehmen willſt, bei mir wohnen. Es ſoll mir lieb
ſein, wenn Du länger bleiben willſt, doch ich brauche
Dich nur auf einen Tag, und Du kannſt, wenn Du
willſt, mit demſelben Wagen wieder zurückreiſen. Ich
gebe Dir alsdann meinen Bedienten wieder mit. Ent-
ſchließe Dich, meine liebſte Ulrike, ſchürz' und ſchwinge
Dich, das Wetter iſt gut, und in drei Tagen iſt Alles,
als wär' es nicht geſchehen.

Dresden, den 30. September 1808.   H. v. Kleiſt.

49.

Meine liebſte, theuerſte Ulrike.

Ich reiſe, in dieſem Augenblick, in der Sache der
Fr. v. Haza, von welcher ich Dich, bei Deinem Hierſein
in Dresden, einigermaßen unterrichtet habe, nach Lewitz,
in der Gegend von Poſen, ab. Da ich wieder durch
die Lauſitz gehe, ſo glaubte ich, bei dieſer Gelegenheit,
meine Schuld an Pannwitz abtragen zu können; doch
die Ausgaben wachſen mir ſo über den Kopf, daß ich
es nicht beſtreiten kann. Thue mir den Gefallen und
decke die 20 Rthlr., die ich ihm ſchuldig; ihm ſchuldig

zu sein, quäll mich nicht, doch . . .—"*), die sie ihm vorgeschossen hat. Ich lege Dir den Brief bei, den Du, in diesem Fall, zuzusiegeln und an ihn abzuschicken hast. Fr. v. Haza ist eine liebenswürdige und vortreffliche Dame, und die ersten Schritte, die ich für sie gethan habe, machen es ganz nothwendig, daß ich die letzten auch thue. Das Allererstemal, daß ich Geld kriege, will ich, so wahr ich bin, gleich an Dich denken. Adieu, vor vierzehn Tagen bin ich nicht hier zurück.

Dresden, den 2. November 1808.   Dein Heinrich."

N. S. Der Buchhändler Walter hat den Phöbus übernommen, und alle Ausgaben sind gedeckt.

50.

Meine theuerste Ulrike.

Ich werde mit der Kaiserl. Gesandtschaft, wenn sie von hier abgeht, nach Wien reisen. Nun wünsche ich lebhaft, Dich vorher noch einmal zu sprechen; und doch ist es mir unmöglich, Dresden auf mehrere Tage zu verlassen, eben weil die Gesandtschaft jede Stunde den Befehl zum Aufbruch erhalten kann. Könntest Du mir

---

*) Zwei Wörter sind sorgfältig ausgestrichen.

nicht auf den halben Weg bis — — wie heißt der Ort vier Meilen von Wormlage und drei Meilen von Dresden? — entgegenkommen? Wenn Du es möglich machen kannst: so schreibe mir den Tag und den Namen dieses Orts, und verlaß Dich darauf, daß ich alsdann mit Dir zugleich dort eintreffe. Auch wünsche ich, zum Behuf dieser Reise, einiges Geld von der kleinen Erbschaft, die ich gemacht habe, voraus zu empfangen. Könntest Du mir nicht, auf irgend eine Art, dazu verhelfen und es mir mitbringen? Wenn es auch nur 50 oder 30 Rthlr. wären. Schreibe mir ein paar bestimmte Worte, wann und wohin Du kommen willst; und noch einmal verlaß Dich darauf, daß ich alsdann dort bin.

Dein Heinrich v. Kleist.

Dresden, den 8. April 1809.
Wilsche Gasse, Löwen-Apotheke.

N. S. Sieh doch zu, daß wir spätestens Mittwoch oder Donnerstag (allerspätestens) zusammentreffen können. Wir müssen zu Mittag ankommen, den Nachmittag und Abend zusammenbleiben, und die Nacht dort zubringen.

51.

Meine theuerste Ulrike.

Ich schreibe Dir nur ganz kurz, um Dir einige flüchtige Nachrichten und Aufträge zu geben. Den 29. April habe ich Dresden verlassen. B., mit dem ich, wie ich Dir sagte, reisen wollte, war schon fort; und auch hier in Töplitz habe ich ihn nicht mehr angetroffen. Alles stand damals so gut, daß ich in Dresden bleiben zu können glaubte; doch die letzten Begebenheiten haben mich gezwungen, von dort hinweg zu gehen. Was ich nun eigentlich in diesem Lande thun werde, das weiß ich noch nicht; die Zeit wird es mir an die Hand geben, und Du es alsdann, hoffe ich, auch erfahren. Für jetzt gehe ich über Prag nach Wien.

Inzwischen habe ich von Dresden nicht weggehen können, ohne einige Schulden daselbst zurückzulassen, die zu Johanni zahlbar sind. Nur die Gewißheit, daß mir die Erbschaft alsdann ausgezahlt werden wird, hat diesen Schritt überhaupt möglich gemacht. Ich beschwöre Dich also, meine theuerste Ulrike, für diesmal noch mit Deiner Forderung zurückzustehen und mir das Geld zu Bezahlung jener Schuld zukommen zu lassen. Noch weiß ich nicht, ob ich nicht vielleicht in Kurzem wieder nach Dresden zurückkehre. Sollte dies nicht geschehen, so bitte ich Gusten, Dir die Zahlung zu machen, und Dich bitte ich, das Geld dem Kaufmann Salomon Ascher,

Dresden, große Büttelgasse Nr. 472, gegen Rückgabe der Schuldverschreibungen, zuzustellen. Um den Kaufmann, wegen dieses Umstandes, sicher zu stellen, hast Du wohl die Gefälligkeit, ihm, mit wenig Worten, kurz, unter der besagten Adresse, zu melden, daß dies zu Johanni geschehen werde. Versäume dies ja nicht, meine theuerste Ulrike, damit keine, mir auf das Aeußerste empfindliche, Irrungen daraus entstehen. Lebe inzwischen wohl, wir mögen uns wiedersehen oder nicht, Dein Name wird das letzte Wort sein, das über meine Lippen geht, und mein erster Gedanke (wenn es erlaubt ist), von jenseits wieder zu Dir zurückkehren. Adieu, Adieu! Grüße Alles.

Töplitz, den 3. Mai 1809.   Dein Hr. Kleist.

52.

Noch niemals, meine theuerste Ulrike, bin ich so erschüttert gewesen, wie jetzt. Nicht sowohl über die Zeit — denn das, was eingetreten ist, ließ sich, auf gewisse Weise, vorhersehen; als darüber, daß ich bestimmt war, es zu überleben. Ich gieng aus D... weg, wie Du weißt, in der Absicht, mich mittelbar oder unmittelbar in die Arme der Begebenheiten hinein zu werfen; doch in allen Schritten, die ich dazu that, auf die seltsamste Weise contrecarrirt, war ich genöthigt, hier in Prag, wohin meine Wünsche gar nicht giengen, meinen Aufenthalt zu nehmen. Gleichwohl schien sich hier, durch B. und durch die Bekanntschaften, die er mir verschaffte, ein Wirkungskreis für mich eröffnen zu wollen. Es war die schöne Zeit nach dem 21. und 22. Mai, und ich fand Gelegenheit, meine Auffätze, die ich für ein patriotisches Wochenblatt bestimmt hatte, im Hause des Grafen v. Kollowrat vorzulesen. Man faßte die Idee, dieses Wochenblatt zu Stande zu bringen, lebhaft auf, Andere übernahmen es, statt meiner den Verleger herbeizuschaffen, und nichts fehlte, als eine höhere Bewilligung, wegen welcher man geglaubt hatte, einkommen zu müssen. So lange ich lebe, vereinigte sich noch nicht so viel, um mich eine frohe Zukunft hoffen zu lassen, und nun vernichten die letzten Vorfälle nicht nur diese Unternehmung, — sie vernichten meine ganze Thätigkeit überhaupt.

Ich bin gänzlich außer Stand, zu sagen, wie ich mich jetzt fassen werde. Ich habe Gleißenberg geschrieben, ein paar ältere Manuscripte zu verkaufen; doch das eine wird, wegen seiner Beziehung auf die Zeit, schwerlich einen Verleger, und das andere, weil es keine solche Beziehung hat, wenig Interesse finden[**]). Kurz, meine theuerste Ulrike, das ganze Geschäft des Dichtens

---

[**]) Gewiß „die Hermannsschlacht" und „das Käthchen von Heilbronn."

ist mir gelegt; denn ich bin, wie ich mich auch stelle, in der Alternative, die ich Dir so eben angegeben habe.

Die große Noth, in der ich mich nun befinde, zwingt mich, so ungern ich es thue, den Kaufmann Ascher in Dresden, dem ich zu Johanni mit meiner Schuld verfallen bin, um Prolongation des Termins zu bitten. Es bleibt mir nichts Anderes übrig, wenn ich mir auch nur, bis ich wieder etwas ergriffen habe, meine Existenz fristen will. In Verfolg dieser Maßregel bitte ich Dich, mir die 272 Rthlr., oder was aus den Pfandbriefen der Tante Massow herauskommen mag, in Conv. Münze, nach Prag zu schicken. Ich bitte Dich, es, sobald es möglich ist, zu thun, um mich aus Prag, wo ich sonst gar nicht fort könnte, frei zu machen. Was ich ergreifen werde, wie gesagt, weiß ich nicht; denn wenn es auch ein Handwerk wäre, so würde, bei dem, was nun die Welt erfahren wird, nichts herauskommen. Aber Hoffnung muß bei den Lebenden sein. — Vielleicht, daß die Bekanntschaften, die ich hier habe, mir zu irgend etwas behülflich sein können. — Adieu, lebe wohl und erfreue bald mit einer Antwort

Deinen Bruder Heinrich v. Kleist.

Prag, den 17. Juli 1809.
Kleine Seite, Brückengasse Nr. 39.

53.

Meine theuerste Ulrike.

Aus einliegender Abschrift meines Schreibens an den Syndicus Dames wirst Du ersehen, was ich, meinen Antheil an dem hiesigen Hause betreffend, für Verfügungen getroffen habe.

Die Veranlassung dazu ist nicht gemacht, Dir in einem Briefe mitgetheilt zu werden.

Ich glaubte, Dich in dieser Gegend zu finden, und mein Wille war, mich unmittelbar, wegen Aufnahme des Geldes, an Dich zu wenden; doch diese Hoffnung ward, durch Deine Abreise nach Pommern, vereitelt.

Adieu, mein theuerstes Mädchen; ich gehe nach dem Oesterreichischen zurück und hoffe, daß Du bald etwas Frohes von mir erfahren wirst.

Frankfurt a. d. Oder, den 23. November 1809.

Heinrich v. Kleist.

54.

Berlin, den 19. März 1810.
Mauerstraße Nr. 53.

Meine theuerste Ulrike.

Denkst Du nicht daran, in einiger Zeit wieder in diese Gegend zurückzukehren? Und wenn Du es thust: könntest Du Dich nicht entschließen, auf ein oder ein paar Monate, nach Berlin zu kommen und mir, als ein reines Geschenk, Deine Gegenwart zu gönnen? Du müßtest es nicht begreifen als ein Zusammenziehen mit mir, sondern als einen freien, unabhängigen Aufenthalt, zu Deinem Vergnügen; Gleißenberg, der zu Anfang Aprils auf drei Monate nach Gulben geht, bietet Dir dazu seine Wohnung an. Du würdest täglich in Altenstein's Hause sein können, dem die Schwester die Wirthschaft führt, und der seine Mutter bei sich hat; würdige und angenehme Damen, in deren Gesellschaft Du Dich sehr wohl befinden würdest. Sie sehen mich nicht, ohne mich zu fragen: was macht Ihre Schwester? Und warum kömmt sie nicht her? Meine Antwort an den Minister ist: es ist mir nicht so gut gegangen, als Ihnen; und ich kann sie nicht, wie Sie, in meinem Hause bei mir sehen. Auch in andere Häuser, als z. B. beim geh. Staatsrath Stägemann, würde ich Dich einführen können, dessen Du Dich vielleicht, von Königsberg her, erinnerst. Ich habe der Königin, an ihrem Geburtstag, ein Gedicht überreicht, das sie, vor den

Augen des ganzen Hofes, zu Thränen gerührt hat; ich kann ihrer Gnade und ihres guten Willens, etwas für mich zu thun, gewiß sein. Jetzt wird ein Stück von mir, das aus der brandenburgischen Geschichte genommen ist, auf dem Privattheater des Prinzen Radziwill gegeben, und soll nachher auf die Nationalbühne kommen, und, wenn es gedruckt ist, der Königin übergeben werden. Was sich aus allem diesen machen läßt, weiß ich noch nicht: ich glaube, es ist eine Hofcharge; das aber weiß ich, daß Du mir von großem Nutzen sein könntest. Denn wie manches könntest Du, bei den Allenstein'schen Damen, zur Sprache bringen, was mir, dem Minister zu sagen, schwer, ja unmöglich fällt. Doch ich verlange gar nicht, daß Du auf diese Hoffnungen etwas giebst; Du müßtest auf nichts, als das Vergnügen rechnen, einmal wieder mit mir, auf einige Monate, zusammen zu sein. Aber freilich müßte die Frage, ob Du überhaupt Pommern verlassen willst, erst abgemacht sein, ehe davon, ob Du nach Berlin kommen willst, die Rede sein kann. Wie glücklich wäre ich, wenn Du einen solchen Entschluß fassen könntest! Wie glücklich, wenn ich Deine Hand küssen und Dir über tausend Dinge Rechenschaft geben könnte, über die ich jetzt Dich bitten muß, zu schweigen. Adieu, grüße Fritzen*) und Slojentin, und antworte bald. Dein H. v. Kl.

*) Vergl. Anmerk. 48.

55.

(Ohne Datum, wie es scheint, in Frankfurt a. d. O. geschrieben).

Meine liebste Ulrike.

Der König hat mich durch ein Schreiben im Militair angestellt, und ich werde entweder unmittelbar bei ihm Adjutant werden, oder eine Compagnie erhalten[a]). Die Absicht, in der ich hierher kam, war, mir zu einer kleinen Einrichtung, welche dies nöthig macht, Geld zu verschaffen, entweder unmittelbar von Dir, oder durch Dich auf die Hypothek meines Hauses. Da Du Dich aber, mein liebes, wunderliches Mädchen, bei meinem Anblick so ungeheuer erschrocken hast, ein Umstand, der mich, so wahr ich lebe, auf das Allertiefste erschütterte: so gebe ich, wie es sich von selbst versteht, diese Gedanken völlig auf, ich bitte Dich von ganzem Herzen um Verzeihung und beschränke mich, entschlossen, noch heute Nachmittag nach Berlin zurück zu reisen, bloß auf den andern Wunsch, der mir am Herzen lag, Dich noch einmal auf ein paar Stunden zu sehen. Kann ich bei Dir zu Mittag essen? — Sage nicht erst ja, es versteht sich ja von selbst, und ich werde in einer halben Stunde bei Dir sein.

Dein Heinrich.

---

[a]) Die Sache kam nicht zur Ausführung; woran sie scheiterte, habe ich nicht erfahren können.

56.

Meine theuerste Ulrike.

In dem Louisenstift, dessen erste Abtheilung erst organisirt ist, wird nun für die zweite Abtheilung, welche gleichfalls organisirt werden soll, eine Oberaufseherin gesucht; eine Dame, deren Bestimmung nicht eigentlich unmittelbar die Erziehung der Kinder, sondern die Aufsicht über das ganze weibliche Personale ist, dem jenes Geschäft anvertraut ist. Eine solche Stelle, an und für sich demnach ehrenvoll genug, ist mit völlig freier Station und einem Gehalt von 400 Rthlr. verknüpft. Da Du nun, wie ich höre, damit umgehst, eine Pension in Frankfurt anzulegen, und sogar dazu schon einige Schritte gethan hast: so ist es mir eingefallen, ob es Dir vielleicht, die wohl vorzugsweise dazu geeignet ist, conveniren würde, eine solche Stelle anzunehmen? Du würdest Dich in diesem Falle, wie es sich von selbst versteht, auf keine Weise darum zu bewerben brauchen; sondern Dein Ruf würde hoffentlich die Schritte, die ich deshalb bei den Vorstehern dieses Instituts, deren mehrere mir bekannt sind, thun könnte, dergestalt unterstützen, daß man eine Aufforderung an Dich dazu ergehen ließe. Dieser Plan schmeichelt meinem Wunsch, Dich auf dauerhafte Weise in meiner Nähe zu wissen; und obschon mancherlei Verhältnisse, zum Theil auch die Einrichtung dieses Instituts selbst, unmöglich machen, mich mit Dir zusammen zu etabliren, so würde mir doch Dein Aufenthalt in Berlin, von wo ich mich wohl so bald nicht zu entfernen denke, zur größten Freude und Befriedigung gereichen. Demnach bitte ich Dich um die Freundschaft, mir hierüber einige Worte zu schreiben; und mit der Versicherung, daß mich, falls es nur in Deine Zwecke paßt, nichts glücklicher machen würde, als Alles, was in meinen Kräften steht, an die Ausführung dieser Sache zu setzen, unterschreibe ich mich

Dein treuer Bruder Hr. Kleist.

Berlin, den 11. August 1811.
Mauerstraße Nr. 53.

57.

Ich kann nicht sterben, ohne mich zufrieden und heiter, wie ich bin, mit der ganzen Welt, und somit auch, vor allen Andern, meine theuerste Ulrike, mit Dir versöhnt zu haben. Laß sie mich, die strenge Aeußerung, die in dem Briefe an die Kleisten enthalten ist, laß sie mich zurücknehmen; wirklich, Du hast an mir gethan, ich sage nicht, was in Kräften einer Schwester, sondern in Kräften eines Menschen stand, um mich zu retten: die Wahrheit ist, daß mir auf Erden nicht zu helfen war. Und nun lebe wohl; möge Dir der Himmel einen Tod schenken, nur halb an Freude und unaussprechlicher Heiterkeit dem meinigen gleich: das ist der herzlichste und innigste Wunsch, den ich für Dich aufzubringen weiß.

Stimmings bei Potsdam, den —,
 am Morgen meines Todes.

Dein Heinrich.

———

Anhang.

1.

Wunsch am neuen Jahre 1800
für Ulrike von Kleist.

Amphibion Du, das in zwei Elementen stets lebet,
Schwanke nicht länger und wähle Dir endlich ein sichres
Geschlecht.
Schwimmen und fliegen geht nicht zugleich, drum verlasse
das Wasser,
Versuch es einmal in der Luft, schüttle die Schwingen
und fleuch (so)!

H. K.

2.

(Brief an Herrn von Pannwitz*).

Bern, im August 1802.

Mein lieber Pannwitz, ich liege seit zwei Monaten krank in Bern und bin um 70 französische Louisd'or gekommen, worunter 30, die ich mir durch eigne Arbeit verdient hatte.

---

*) Wahrscheinlich ist dieser Brief die Veranlassung gewesen, daß Ulrike zu dem kranken Bruder in die Schweiz eilte.

Ich bitte Gott um den Tod und Dich um Geld, das Du auf meinen Hausantheil erheben mußt. Ich kann und mag nichts weiter schreiben, als dies Allernothwendigste. Schicke zur Sicherheit das Geld an den Doctor und Apotheker Whttenbach, meinen Arzt, einen ehrlichen Mann, der es Euch zurückschicken wird, wenn ich es nicht brauche. Lebet wohl, lebet wohl, lebet wohl.

Heinrich Kleist.

3.

(Brief von Fräulein Ulrike von Kleist an den französischen General Clarke, Gouverneur von Berlin).

Monsieur.

Je ne viens pas solliciter une faveur auprès de Votre Excellence, mais je viens demander justice. Je puis donc espérer, qu'Elle daignera m'écouter et m'accorder ce que je demande; c'est Lui rendre service à Elle même que de Lui fournir l'occasion d'exercer des vertus, qui Lui sont chères.

Je me contente d'exposer simplement les faits; ils parlent assez d'eux-mêmes.

Mon frère .... est arrivé à Berlin vers la fin de Janvier, avec des passeports visés par les autorités Françaises; autrefois officier dans l'armée du Roi, il ne l'est plus depuis huit ans, qu'il a demandé et obtenu son congé; il venait de Koenigsberg, où il avait travaillé à la Chambre des Domaines comme volontaire, pour se former aux affaires de finance, et il comptait se rendre à Dresde, afin de cultiver paisiblement les lettres et les arts, qu'il aime et auxquels il s'est voué; mais au lieu de pouvoir se rendre à la destination, qu'il avait choisie, il s'est vu arrêté ici sans raison à lui, comme sans examen préalable, et non seulement on l'a emmené comme prisonnier, mais on le traite comme s'il s'était rendu coupable de quelque délit, et privé de la liberté, il languit dans un cachot au château de Joux.

Ces faits sont de la plus exacte vérité; Je suis prête à les prouver et à fournir à Votre Excellence tous les renseignements qu'Elle demandera, et tous les témoins qu'Elle voudra entendre.

Je le répète, je demande justice; Votre Excellence est trop intéressée, Elle-même, à ce que justice se fasse, pour que j'ajoute d'autres considérations à celle qui est toute-puissante sur Son ame généreuse.

Si Votre Excellence consulte la voix publique, Elle pourra facilement apprendre, que mon frère n'est pas sans nom et sans réputation dans le monde littéraire en Allemagne, et qu'il est digne de quelque intérêt; mais Votre Excellence rendrait justice à l'homme le plus obscur et le plus ignoré: ainsi cette enquête serait superflue, et Elle pardonnera cette réflexion à la tendresse d'une soeur affligée, qui en perdant son frère a perdu ce qu'elle aime le plus au monde.

Veuillez donc, Monsieur, porter la consolation dans mon ame et Vous hâter de donner des ordres, pour que mon frère soit incessamment mis en liberté, et que le mal-entendu, dont il a été la victime, soit éclairci.

J'ai l'honneur d'être avec la plus haute considération

Monsieur

de Votre Excellence

la très humble et très obéissante servante.

4.

(Antwort des Generals Clarke).

Berlin, 8 avril 1807.

J'ai reçu, Mademoiselle, la lettre que Vous m'avez fait l'honneur de m'écrire le 3 de ce mois. Monsieur Votre frère en passant du quartier général ennemi derrière l'armée française, s'est exposé à être regardé comme espion, et je l'ai même traité avec indulgence en le faisant conduire en France. Sur la demande de Mr. le ministre d'état d'A ... j'avais donné des ordres pour adoucir la rigueur de cette conduite, mais ils sont arrivés trop tard. J'ai écrit au ministre de la guerre pour l'inviter à permettre à Monsieur Votre frère de retourner dans ses foyers; je désire, que cette demande soit accordée.

Je Vous prie, Mademoiselle, d'agréer mon respect.

Le g¹ de d⁻ gouverneur g¹ de Berlin etc. etc.
CLARKE.

M⁻ Ulrique de Kleist à Berlin.

www.ingramcontent.com/pod-product-compliance
Lightning Source LLC
Chambersburg PA
CBHW021858230426
43671CB00006B/433